Gérald Seguin

(16-08-11)

D0870262

# Le métier d'enseignant

Lionel Carmant

# Le métier d'enseignant

Liber

« Trame »

Les éditions Liber reçoivent des subventions du Conseil des arts du Canada et de la SODEC.

Maquette de la couverture : Yvon Lachance

Photographies : Alain Décarie

Éditions Liber
C. P. 1475, succursale B
Montréal, Québec
H3B 3L2
Tél. : (514) 522-3227

Diffusion Dimedia
539, boul. Lebeau
Saint-Laurent, Québec
H4N 1S2
Tél. : (514) 336-3941

Dépôt légal : 1er trimestre 1996
Bibliothèque nationale du Québec

ISBN 2-921569-33-7

*À Jocelyn*
*À Laurence*

« L'éducation de l'homme commence
à sa naissance ; avant de parler, avant
que d'entendre, il s'instruit déjà. »

J.-J. ROUSSEAU
*Émile ou De l'éducation*

Je voudrais redire mes remerciements à tous ceux qui ont eu l'amabilité de lire mon manuscrit. Les corrections effectuées témoignent du caractère judicieux de leurs suggestions. Je leur renouvelle toute ma gratitude.

# INTRODUCTION

Ce livre est né de ma passion de l'enseignement. Il tire sa sève d'une expérience de près de trente ans dans l'enseignement secondaire au Québec. Au cours de cette longue carrière exercée par intérêt pour les lettres et par goût pour la pédagogie, que de nouveaux programmes, que de nouvelles méthodes appliquées ! De là, mon désir de dire ce que j'ai constaté (les réalités) et ce que j'entrevois (les perspectives) pour l'avenir.

Cette réflexion s'inspire de ma pratique de l'enseignement, servie par une formation en éducation comparée. C'est un regard jeté de l'intérieur sur le système scolaire québécois, avec ses grandeurs et ses faiblesses.

À la vérité, cet ouvrage est une sorte de produit collectif : les questions qui y sont traitées ont toutes été discutées avec des proches et des collègues de travail. Certaines ont même donné lieu à des confrontations avec des interlocuteurs que je respecte. D'ailleurs, l'éducation est un thème quotidien. Nous en parlons tous. Quelquefois, sans le savoir.

Que l'on ne s'attende pas ici à une problématique nouvelle. Ni à une œuvre scientifique : aucune hypothèse n'y sera vérifiée et les références ne sont guère nombreuses. Pour avoir travaillé sur le terrain, j'ai voulu simplement dresser un constat.

La structure du livre a été élaborée en fonction des différentes facettes du métier. Chacun pourra s'intéresser à l'aspect de son choix. Je l'ai voulu ainsi pour épargner aux lecteurs de s'engager dans la contrainte des longs chapitres.

Je serais désolé que les critiques ou les prises de position qui ponctuent l'ouvrage soient perçues de façon négative. J'ai voulu, en toute bonne foi, contribuer, par un apport modeste, à la réflexion qu'effectue, aujourd'hui, la collectivité québécoise sur le système scolaire. J'irais jusqu'à prétendre à une certaine objectivité, ce qui confère à quelques passages une apparente contradiction. Souvent, la vérité est complexe.

Je ne m'attends guère, non plus, à faire l'unanimité autour de mes points de vue. À vrai dire, je cherche surtout à alimenter un débat déjà engagé dans la société. Je suis d'ailleurs très conscient que toute prise de position sur les questions de ce genre comporte un risque conceptuel que j'assume.

Bref, au terme d'une carrière exercée avec une passion des lettres et un culte certain de la jeunesse, j'ai voulu léguer aux futurs enseignants, tout particulièrement, une somme d'observations et de considérations dont il est, peut-être, possible de tirer quelque profit.

# I
## LA LANGUE MATERNELLE

Le premier apprentissage de l'enfant précède toujours son entrée à l'école. Depuis sa naissance, les modulations de la voix de la mère lui prodiguent des directives, les manipulations de celle-ci le façonnent. Ce nouveau-né s'instruit, intériorise la culture du milieu et renouvelle les comportements de l'espèce.

Ainsi, l'enfant qui, pour la première fois, franchit le seuil d'une salle de classe, a déjà acquis la langue maternelle avec toute sa complexité ; il en a une connaissance intuitive, notamment de la langue parlée ; il en a appréhendé le code et la structure selon la façon dont ils sont utilisés dans l'environnement linguistique. Par l'acquisition de la langue, l'enfant intériorise son statut social.

À l'école, il vient découvrir le mécanisme de fonctionnement de sa langue ; il prend connaissance des richesses et des faiblesses de cet instrument de communication, afin de pouvoir s'en servir avec efficacité tant par écrit qu'oralement.

17

L'enfant s'initie au parler de l'école où s'effectue aussi une réflexion sur le langage hérité du milieu. De là, la nécessité d'une pédagogie de la langue maternelle. Selon que l'on appartient à un milieu cultivé ou non, l'apprentissage sera plus ou moins facile.

S'exprimer constitue sûrement un besoin et un des moyens d'identification des origines d'un individu. Car l'homme vit en société, il éprouve le désir de se lier aux autres, de les connaître, de scruter son environnement, bref de communiquer. Si les hommes, à l'intérieur d'une même collectivité, n'avaient pas fragmenté leur langue commune selon les disciplines et les classes sociales, beaucoup plus nombreux seraient les citoyens aptes à prendre allégrement part aux décisions ou à l'organisation de la cité.

Sous des prétextes obscurs, dans une même nation, des cloisons se sont érigées pour constituer de véritables fiefs linguistiques où, pour être compris, il faut être un initié. À considérer le nombre de disciplines existantes et leur terminologie, on se croirait aujourd'hui en pleine tour de Babel : l'économiste ne comprend pas le jargon de l'avocat ; celui-ci ne saisit plus le métalangage de l'éducateur, etc. Pourtant les affaires de la cité nous interpellent tous au même titre.

Au Québec, la question de la langue revêt un caractère particulier, pour des raisons historiques. Les Canadiens français ont fait preuve d'un mâle courage en luttant pour la survie du français. On constate, toutefois, que l'hégémonie américaine exige partout l'anglais par le biais des affaires, de la recherche, etc. Simultanément, il existe un contentieux historique à régler avec les Anglais du Canada qui refusent obstinément de reconnaître cette société distincte qu'est le Québec. Le pays a donc dû légiférer à bon droit pour la conservation de sa culture dans un environnement tout à fait anglophone.

Cependant, il ne suffit pas d'avoir lutté pour maintenir son identité et sa culture. Il faut, dès lors, cultiver sa langue, la promouvoir et surtout s'enorgueillir de savoir la bien parler. C'est certainement là une des tâches de l'école ; mais pour que la langue prospère, il faut des stimulants sociaux, c'est-à-dire, des décisions politiques. Tant que l'État n'aura pas investi autant dans la qualité de la langue que dans son statut socioéconomique, l'effort de l'école restera quelque peu infructueux, sinon vain. Camille Laurin l'avait fort bien compris lorsqu'il avançait que la loi 101 devait « permettre à un nombre de plus en plus élevé de Québécois de s'exprimer dans une langue de qualité ». Il n'y a pas de solution linguistique ni pédagogique à la crise de la langue au Québec : elle est avant tout politique.

Au Québec, l'amélioration de la qualité de la langue devrait être la seconde phase de la lutte pour la francisation. Cela ne justifie guère une rupture avec les lettres françaises. Celle-ci, d'ailleurs, a assez duré dans le passé, sous le régime britannique, ce qui a considérablement nui à l'évolution du français ici. Parmi les trois mille langues utilisées dans le monde, le français en est une de grande culture. Et les Québécois ont le bonheur historique de partager avec de très grands auteurs, poètes, chansonniers, dramaturges, essayistes, critiques, journalistes, historiens et philosophes, une même aire culturelle. Le jeune Québécois doit posséder pleinement cette culture française où les lettres québécoises s'abreuvent pour continuer de s'épanouir.

Pour parfaire la qualité de l'expression dans la vie quotidienne, la collaboration de l'élite est indispensable. Son engagement politicolinguistique illustrerait la promotion sociale que confère le bien parler. Peu nombreux sont les intellectuels qui, en toutes circonstances, se distinguent par la qualité de leur langage. Même, certains universitaires ou écrivains, pour affirmer leur « québécitude », utilisent le joual à dessein. Certes, il convient d'emprunter le statut linguistique de son interlocuteur pour se faire bien comprendre. Mais il demeure possible de rompre avec le laisser-aller qui caractérise le milieu linguistique en général. L'intelligentsia québécoise et le corps enseignant devraient s'entendre sur la promotion de la qualité de l'expression.

Dans un système d'enseignement, la langue maternelle doit être la préoccupation de tous les enseignants. Car l'élève qui ne la maîtrise pas ne pourra jamais atteindre un seuil remarquable dans quelque discipline que ce soit. Celui qui ne possède pas sa langue éprouvera des difficultés à bien saisir les données d'un problème de mathématiques ou de physique, les notions d'histoire ou de géographie. Il est donc tout à fait légitime que certaines institutions d'enseignement accordent un certain nombre de points au français dans toutes les matières. Le renforcement des exigences linguistiques à l'école, dans le contexte actuel, constitue un passage nécessaire vers une amélioration de la qualité de la langue.

En outre, la classe devrait être considérée comme un milieu linguistique qui servirait de modèle vivant à l'élève. Cette responsabilité incombe sûrement aux professeurs. Sans s'attendre pour autant à de grands changements, l'institution indiquerait ainsi la voie à suivre. Et qui sait ? Il en sortirait peut-être, si peu soit-il, une forme de purisme relevant d'un nationalisme tout à fait justifié qui inculquerait simultanément aux jeunes un certain culte de la langue et un attachement à leur histoire. Trop souvent, ceux qui s'efforcent de bien parler endurent les quolibets de leurs condisciples. Il importe de rompre avec de telles pratiques dans un pays qui se bat vaillamment jusque-là à fleuret moucheté pour un statut particulier légitimé par l'histoire, maintenu par les traditions, la langue et la culture.

# II
## L'ÉCOLE ET LE MILIEU

Contrairement à l'apprentissage spontané de la langue maternelle, l'école où elle s'enseigne relève de l'organisation sociale. Elle est, avant tout, une initiative de socialisation ; elle n'honore d'ailleurs que la langue de l'élite et rejette la diversité des cultures. Elle refoule toujours l'identité culturelle de ceux qui la fréquentent au profit d'une culture scolaire préétablie. Comme l'ensemble de la société, elle fait appel à un certain conformisme, à une certaine docilité. À ce point de vue, l'entrée à l'école représente, sans aucun doute, un moment très éprouvant pour l'enfant ; elle est même cruciale dans certains cas, car l'enfant passe d'une vie plus ou moins libre à une vie disciplinée. Il se met en rang, il fait silence, il apprend à suivre, il cesse d'être le centre d'intérêt de la mère ou de la famille. On renaît en entrant à l'école.

Les parents qui aspirent à une scolarité prolongée pour leur progéniture prendront toutes les dispositions pour que l'enfant, dès son plus jeune âge, soit préparé à cheminer à travers cette institution qu'est l'école. Il est des qualités qui prédisposent certains enfants à mieux réussir que d'autres. Savoir écouter, par exemple. Les parents qui auront préparé leur enfant à être attentif à tous les propos lui auront fourni, entre autres, le moyen d'apprendre avec plus de facilité. Pourtant, réussir à l'école n'est pas nécessairement un signe d'intelligence. De nombreux génies, Einstein, par exemple, ont été des cancres. Galilée fut un courageux indocile.

Outre la formation qu'elle procure, l'école stimule quelque peu le sens critique, ce qui permet de remettre en question la société dont elle fait partie. Au secondaire, le sens critique devrait s'exercer davantage aujourd'hui. Car les médias occupent un espace considérable dans les loisirs de nos jeunes et ne leur fournissent pas l'occasion de réfléchir. Or la réflexion critique permet de découvrir ou d'améliorer les choses. C'est ainsi que l'humanité a toujours évolué.

Après avoir bien socialisé ses usagers au primaire et au secondaire, l'école aménage, au terme des études du second degré, un espace de plus en plus grand à la critique sociale, il est vrai. À ce stade, l'histoire de l'homme et de sa pensée sur les sociétés et leurs idéologies est examinée plus à fond. Les jeunes découvrent que la propriété privée a pour origine un acte arbitraire, qu'à l'époque du nomadisme l'accumulation des biens matériels était dédaignée puisque ceux-ci handicapaient la locomotion. Ces nouveautés intellectuelles leur ouvrent les horizons et font quelquefois des universités les lieux les plus agités de la contestation chez les jeunes, eux qui n'ont pas appris auparavant à interroger les évidences.

Comme toute organisation humaine, l'institution scolaire, conçue en fonction de certains intérêts, présente bien des faiblesses : elle privilégie les mieux nantis et réédite l'échec des défavorisés. Cela lui vaut, d'ailleurs, de nombreux reproches de la part des spécialistes de l'éducation. Mais il n'en demeure pas moins qu'en dépit de ces lacunes, toutes les idéologies s'accommodent de l'école ; elle a jusqu'ici survécu à toutes les grandes révolutions. Qui plus est, elle véhicule le savoir et le nouvel humanisme à insérer dans les changements qui préfigurent l'avenir.

En fait, l'école est le lieu où se transmet le savoir. À ce point de vue, elle a une vocation digne, vu le rôle qu'elle joue dans l'édification de l'être ou dans la construction des lendemains. Elle est le lieu où s'assure la continuité historique, sociale, culturelle d'un peuple. C'est, d'ailleurs, la raison pour laquelle elle diffère d'un pays à l'autre. Ce qui rapproche les systèmes scolaires dans le monde, c'est surtout la transmission du savoir.

C'est par l'école que se modifient ou s'accumulent les connaissances de base nécessaires à l'évolution de l'humanité. C'est ce qui explique, en partie, la prolongation de la scolarité, avec le temps. Néanmoins, il est curieux de voir quelquefois des élèves pénétrer dans une salle de classe n'importe comment ou avec une grande désinvolture. C'est une forme de profanation des lieux qui, au fond, sans tomber dans un certain freudisme, correspond à quelque dédain de la connaissance.

À vrai dire, ni le savoir ni les enseignants ne sont suffisamment valorisés dans le contexte actuel. Tout cela est perçu par les élèves et dessert l'image de l'école. Le prestige de l'enseignant au primaire et au secondaire existe à peine. Au Québec, plus particulièrement, dans l'esprit de beaucoup de citoyens, le professeur, au primaire et au secondaire notamment, est considéré comme un être pourvu d'un savoir diffus, d'un bagage restreint de connaissances qu'il dispense dans un langage mou, empreint de régionalisme. Cette image mérite d'être changée.

Les jeunes, il est vrai, n'ont pas, durant toute leur scolarité, la passion de l'école. Celle-ci a ses contraintes et ses déceptions. De plus, rares sont ceux qui manifestent un réel désir d'apprendre par simple curiosité intellectuelle. Même les meilleurs perdent tout enthousiasme quand il n'y a pas de note qui compte en perspective. Il faut les comprendre : les jeunes d'aujourd'hui ont infiniment plus à apprendre que ceux d'hier ; les matières au programme se sont considérablement alourdies ; et comme le goût de savoir existe peu chez eux, la stratégie de la majorité consiste à réussir bien, avec la meilleure économie de moyens. Les plus appliqués étudient pour pouvoir réussir à l'école et avoir la priorité sur le marché de l'emploi. Et aux yeux de beaucoup, le fameux « Qui s'instruit s'enrichit », dans une société où les astuces se multiplient à tous les niveaux, apparaît comme une promesse d'ivrogne.

Ainsi, la notion d'évaluation formative, telle que perçue dans le système par nos jeunes très informés, risque d'être un véritable gaspillage de temps et d'argent tant que persistera cette attitude à l'égard du savoir et que durera la crise de l'emploi. Ce pragmatisme scolaire dont les adolescents ne sont guère les seuls responsables produit, au bout du compte, des praticiens peut-être habiles, mais bornés.

Dans le contexte de la mondialisation des marchés, il est urgent de doter nos jeunes d'un potentiel valable afin de faire du Québec ce pays auquel nous rêvons tous. La concurrence internationale fait accroître les exigences ; il en résulte, dans le contexte du système mondial, l'obligation d'améliorer la qualité des produits de l'école. Il faut mettre ce pays en état de participer fièrement à la concurrence pour se tailler une digne part du marché du vingt et unième siècle et inculquer simultanément aux jeunes de nouvelles valeurs pour construire l'avenir.

C'est au pouvoir politique de valoriser l'école aux yeux des citoyens, en prenant toutes les mesures nécessaires pour relever le prestige de l'institution et des enseignants. À défaut d'une transformation des choses par l'État, l'institution peut elle-même, en assumant ses responsabilités, tenter, par tous les moyens, de suppléer à certaines carences de l'appareil éducatif. Il existe une relative autonomie de l'école par rapport à l'ensemble social, ce qui lui confère une certaine spécificité. Toutefois, prises seules, les initiatives de l'école ne peuvent être qu'hypothétiques ; celle-ci vit toujours en symbiose avec la société qui la cerne.

Cette fin de siècle annonce un nouveau tournant dans l'histoire des sociétés ou des peuples. Le bilan est alarmant. La terre promise par la technologie devient de plus en plus une utopie. Au lieu de la société des loisirs, nous avons hérité du chômage, sorte de loisir forcé, synonyme d'ennui et d'indignité. L'espèce humaine est mise en péril par les ravages du sida, par la menace nucléaire et par les graves problèmes de pollution de la planète. Les hommes politiques élus pour gérer les affaires de la cité n'ont guère le contrôle effectif du pouvoir. Dans bien des cas, ils ont perdu toute crédibilité. Nous vivons depuis plus d'une décennie une situation économique et sociale tout à fait précaire. Nous avons perdu confiance en nos dirigeants, en nos technocrates dont les solutions visent uniquement à satisfaire un système boiteux, en crise aiguë de façon cyclique. Les jeunes n'ont plus foi dans l'avenir. Il est urgent de leur redonner confiance, si nous voulons lutter avec succès contre le décrochage scolaire.

Il faut aussi envisager l'abandon scolaire dans une autre perspective. Il peut être porteur d'une forme de contestation contre les horizons fermés légués par les aînés. Le savoir, pour le jeune d'aujourd'hui bien informé par les médias de la crise économique, de son étendue et de ses conséquences sur l'avenir, ne garantit plus la réussite sociale. En dépensant et en se dépensant pour s'instruire, le jeune garde le sentiment profond qu'il risque d'être payé en monnaie de singe.

Les informations contradictoires et l'image désordonnée d'une société en crise qu'offrent les médias n'ont rien de rassurant pour les adolescents aux études ; l'incertitude les ronge, les espérances nourries par l'école s'effilochent, leur méfiance à l'égard du savoir comme moyen de réussite sociale s'accentue, car les robots, les machines et les ordinateurs ne cessent de provoquer des mises à pied. Qui peut avoir la certitude que l'emploi convoité existera dans un avenir plus ou moins proche ?

Dans l'incertitude, de plus en plus de jeunes alternent études et travail à temps partiel. Ils n'ont guère l'espoir d'entendre tout au moins les hommes politiques leur dire la vérité sur les lendemains de cette société dans laquelle ils vivent et vivront. Rien d'étonnant qu'il y ait tant de décrocheurs. Certains deviennent « vagabonds, assassins ou poètes » ; d'autres s'ajustent à la nouvelle réalité de la vie et s'installent modestement dans le monde des adultes.

Je lisais avec tristesse et indignation, il n'y a pas longtemps, sur les murs d'une école secondaire publique dans un quartier défavorisé : « Crève, ci... » De tels propos — je le disais à un de mes collègues enseignants — sont des symptômes inquiétants d'une société en crise. L'école a toujours été la seule institution à travers laquelle quiconque transitait améliorait sa condition future. Aujourd'hui, les diplômés trop nombreux qui chôment — les exclus — dévaluent le savoir et les titres. Ce n'est pas par hasard qu'aux dernières élections québécoises, un jeune fonde un parti politique et est élu d'emblée à l'Assemblée nationale. Les jeunes en ont ras le bol du type de société que les adultes leur imposent et voudraient se prendre en main.

La science, elle aussi, a perdu de sa crédibilité, après avoir provoqué une certaine indifférence pour les valeurs morales léguées par la religion. Subventionnée par des groupes à la recherche du profit ou d'une émergence politique, la science se sert de la méthodologie pour avancer ou justifier à peu près n'importe quoi. On doute de plus en plus de cette science devenue « l'opium du peuple » et on se demande si elle est véritablement au service de l'homme. À ce tournant, il faut tout au moins prendre conscience que l'on fait fausse route et se réorienter. On ne peut plus laisser aller les choses avec l'espoir que le temps et la bonne volonté apporteront des solutions. C'est le moment de s'arrêter et d'insérer, dans les mentalités, de nouvelles valeurs pour de meilleurs lendemains. Et cela devra nécessairement passer par la famille et par l'école.

À juste titre, le document du ministère de l'Éducation intitulé *Chacun ses devoirs* (1992) note que les valeurs dominantes de la société québécoise « ne sont pas spécialement axées sur l'effort et le travail soutenu ». En effet, c'est la note qui intéresse nos élèves. Rien d'autre. Il n'y a pas de doute qu'un projet de valorisation du savoir, donc de l'école, appelle la contribution de la famille avant tout. Toute la perception qu'a l'enfant de l'institution scolaire vient du milieu familial. Le goût du savoir aussi. Depuis quelques décennies, les parents exigent trop de l'école, ce qui la prive de son efficacité.

Si l'on veut que l'école joue pleinement son rôle qui consiste, en tout premier lieu, à préparer les jeunes à prendre le relais dans tous les domaines, notamment celui de l'innovation, il faut bien lui alléger la tâche. La société dans sa globalité, les parents dans la cellule familiale doivent préparer l'enfant à entrer à l'école avec ardeur et fierté. Un tel soutien est indispensable à la réussite scolaire.

Point n'est besoin que les parents soient des universitaires pour aider leurs enfants à réussir à l'école. Il leur suffit de s'intéresser à leurs études de façon spontanée et naturelle. Il y va de leur avenir. Chacun souhaite que sa progéniture vive dans la félicité durant toute l'existence. Aussi tous les moyens nécessaires doivent être pris pour faciliter l'entrée de l'enfant à l'école et sa réussite. L'enfant bien socialisé ne renonce pas à l'école. Il en saisit déjà les bienfaits et l'importance. C'est la raison pour laquelle certains vont jusqu'à penser que le jeune adolescent qui rejette l'école commet, peut-être inconsciemment, une sorte de suicide social, ce qui peut fort bien laisser présager son destin.

Personne ne saurait mettre en doute la toute puissance de l'influence maternelle dans le milieu de l'enfant. C'est la mère qui sert de modèle à sa fille et désigne à son fils le « repère identificatoire ». Le père est pour l'enfant un être que la mère lui présente pour tel ; l'attachement du fils au père sera fonction du rôle que la mère voudra bien lui assigner dans l'environnement de l'enfant ou dans la vie affective de ce dernier.

Jusqu'à nouvel ordre, une grande majorité d'hommes n'ont pas encore compris l'importance de leur participation à l'éducation morale, sociale de leur enfant. Sans doute que le temps manque au père, à cause de l'organisation de la société. Traditionnellement, pendant que le père va travailler pour faire vivre les siens, la mère berce son enfant à la maison et tisse avec lui des liens de plus en plus solides. Cette tradition, heureusement, s'estompe de plus en plus puisque les femmes se qualifient et travaillent hors du foyer.

En outre, le chômage s'accentue chez les hommes. Les pères sont donc de plus en plus présents et enclins à partager les tâches familiales. Le vingt et unième siècle apportera peut-être quelque changement et l'on verra, sans doute, des enfants portant en eux un acquis parental provenant tant du père que de la mère. Cette participation active des deux parents à l'éducation des enfants aura ainsi colmaté les brèches de la personnalité si évidentes chez certains. L'harmonie familiale, en général, a des effets bénéfiques sur la scolarité des enfants.

Une salle de classe est un microcosme où il est permis d'observer toutes les caractéristiques de la société. Une rivalité subtile ou manifeste s'y retrouve. Dans les groupes où l'émulation est grande, le travail du professeur est facilité dans la mesure où celui-ci affirme sa compétence. Dans le cas contraire, ces bons élèves peuvent devenir des trublions.

Face à des élèves bien disposés, le professeur est stimulé et éprouve un besoin de dépassement. Une bonne classe porte le professeur à mieux faire. Il en résulte la satisfaction de communiquer le savoir à ceux qui géreront l'avenir. En ce sens, enseigner est une noble tâche : c'est être au service de l'homme.

Dans certaines classes très motivées, il importe que le professeur fasse montre de beaucoup de tact pour ne pas exacerber la rivalité entre les élèves. Sinon, il se pourrait que celle-ci dégénère en sentiments dégradants telles la jalousie ou la rancœur. Lorsque cela se produit, l'unité de la classe se fragmente et on assiste à la constitution de plusieurs petits groupes à l'intérieur de l'ensemble.

Pour obvier à ces malencontreuses situations, il reste les activités parascolaires. Elles fournissent aux concurrents de la classe l'occasion de se rencontrer en dehors du lieu de la lutte, de mieux se connaître, de fraterniser, de gommer les rancœurs sournoises issues de l'émulation en classe. Les promenades, visites, rencontres sportives, repas communs s'avèrent d'une très grande importance dans une école où le sens de la concurrence est fort. Naturellement, il n'est pas question d'octroyer une place démesurée à ce genre d'activités dont le rôle consiste à pallier les sentiments négatifs engendrés par la rivalité scolaire qui atteint son paroxysme lors des examens.

# III
## ÉLITE SOCIALE ET ÉLITE SCOLAIRE

*ode à l'école privée.*

Il ne fait aucun doute que, dans le système scolaire québécois, il existe deux itinéraires bien distincts pour des gens bien précis. Les écoles privées forment, en grande partie, les « héritiers » venant de milieux où la scolarisation est généralement valorisée. Ils sont donc plus motivés. Après avoir transité par les écoles privées, ils accèdent majoritairement à l'université, puis assument les postes de commande. Chacun sait qu'il n'est guère aisé de fréquenter de tels établissements sans en avoir les moyens financiers.

Dans les écoles publiques, chemine une clientèle tout autre, en majorité des jeunes provenant de milieux modestes, en général moins soucieux de la scolarisation. Leur itinéraire le plus fréquent : les métiers et techniques qui ne nécessitent pas une longue formation. Cela se comprend bien : le rapport au temps des enfants des milieux pauvres est différent de celui des jeunes issus de milieux aisés. Dans les familles démunies, il faut aller au plus pressé pour alléger le fardeau des parents.

Toutefois, rien ne dit que les adolescents de la bourgeoisie réussissent toujours. Les désaccords, séparations, divorces des parents les désorientent et les conduisent tant à l'abandon scolaire qu'à l'échec. En outre, dans les écoles privées, il existe des boursiers. Ce sont des jeunes triés sur le volet dont la fonction est double : d'une part, donner un argument à ceux qui soutiennent que l'école privée n'est pas l'école d'une élite sociale ; d'autre part, assurer, par leur intelligence, la valeur et la qualité de l'enseignement dans ce secteur. Car l'élève aussi, dans une certaine mesure, fait l'école.

Pareillement, dans le secteur public, se retrouvent des jeunes particulièrement brillants, déterminés à rompre avec la « gêne de papa ». Cette frange de la clientèle scolaire, dotée d'un grand intérêt pour les études, réussit à merveille. Cette élite du public a fréquenté ce que, pendant longtemps, on a désigné par la « voie enrichie ». Les défenseurs d'une certaine démocratisation ont protesté avec vigueur et acharnement contre cette voie royale dans le secteur public. Ils ont eu gain de cause : les voies « allégées » et « enrichies » ont ainsi disparu du vocabulaire de l'enseignement, sans pour autant entraîner la disparition de cette cohorte d'enfants particulièrement doués pour les études qui cheminent dans les écoles publiques.

Il faut souligner que l'organisation du secteur public ne facilite guère la tâche à ces élèves. Aussi

arrive-t-il souvent que l'école privée mieux orga-
nisée — il faut l'admettre — les attire en leur
accordant des bourses ou que les parents, encou-
ragés par la performance de ces enfants, consentent à leur payer une scolarité dans le privé.
Quelquefois, entre les deux secteurs, il s'effectue
un transfert d'élèves pour des raisons assez variées : certains passent du public au privé pour
changer de climat et mieux travailler ; d'autres, du
privé au public, pour échapper à la rigueur de la
discipline ou pour éviter un échec. Dans cet
échange, l'école publique se trouve désavantagée,
puisqu'elle perd ses meilleurs élèves.

C'est pour éviter le glissement, vers les collèges
privés, de cette frange d'élèves, que « l'école internationale » semble avoir vu le jour. Cette sorte de
greffe du privé sur le secteur public étale un vrai
paradoxe ; elle met au jour, en même temps, le
véritable mal de l'école secondaire publique : la
qualité de l'enseignement. Les parents des élèves
de ladite école devaient, il n'y a pas longtemps,
payer certains frais pour le bon fonctionnement
de ces établissements hybrides. Cette contribution
a soulevé une contestation qui a abouti devant les
tribunaux. Les parents partisans de la gratuité
totale ont eu gain de cause. Étonnant que ce soit
la justice qui se substitue au ministère de l'Éducation pour trancher un tel litige.

Il serait tout de même regrettable que l'État
non seulement n'encourage pas suffisamment l'école privée, secteur florissant du système

éducatif, mais encore néglige d'encourager ce mince filon du secteur public où se forme une élite scolaire. Aucune nation n'a les moyens de dédaigner, au nom de quelque idéologie que ce soit, une telle mine d'or. Aujourd'hui, la vraie concurrence est celle des cerveaux. Une telle affirmation vaut tant pour les pays capitalistes que pour la Chine, par exemple, dont les grands centres universitaires ont été protégés des excès de « la révolution culturelle ».

Le fusionnement de l'école privée et de l'école publique ne donnerait que l'illusion de la démocratisation scolaire. Dans l'éventualité d'un tel remodelage, à l'intérieur même des établissements, il se distinguera encore une élite ; et elle sera intimement liée à l'élite économique, sociale et intellectuelle du pays.

C'est l'école en soi qui est sélective. Il est illusoire de croire qu'elle possède une quelconque vertu unificatrice. Les statistiques comparées de divers pays en témoignent. Les pouvoirs publics, pendant longtemps, dans nombre de pays, se sont efforcés de démocratiser l'enseignement pour pouvoir établir un nouvel ordre social. Dans leur optique, l'égalisation des chances passait par l'école. Les résultats ne furent pas très significatifs : l'école différencie, hiérarchise, désavoue les « égalitaristes ».

Les écoles privées ne sont pas toujours les meilleures dans tous les systèmes scolaires. Ici, c'est la faiblesse de l'école publique qui a porté nombre de parents à s'intéresser à l'école privée. Si celle-ci est tant recherchée, c'est parce qu'elle répond à une demande collective que le secteur public n'a jamais pu satisfaire depuis 1964, date de l'obligation et de la gratuité scolaires au Québec.

Il existe entre ces deux écoles un décalage dont convient encore l'opinion publique d'aujourd'hui. Les résultats des examens du ministère en production du discours écrit en 1994 confirment largement la distance qui sépare ces deux secteurs de l'enseignement. Il est inconcevable de vouloir, au nom de la démocratisation, sacrifier l'école privée au profit de l'école publique. C'est à celle-ci de rattraper celle-là. Qui refuserait de bénéficier de la gratuité scolaire si l'école publique dispensait la formation souhaitée ? Les parents des usagers du secteur privé consentent souvent à de lourds sacrifices. Ce n'est jamais de gaieté de cœur que l'on accepte de payer la note. Celle-ci est d'autant plus salée que les parents qui ont choisi l'école privée pour leurs enfants payent déjà des taxes pour l'école publique. Ils n'hésiteraient sûrement pas à les diriger vers un secteur public amélioré et concurrentiel.

L'école privée ne devrait aucunement être pénalisée à cause d'une demande sociale de plus en plus croissante. L'école publique pour tous, dans les conditions actuelles de fonctionnement de ce secteur, risque d'être fort peu profitable à l'État et aux individus.

Trancher une question de ce genre, dans la conjoncture socioéconomique actuelle relève du défi. On s'en fait une idée différente selon que l'on considère l'éducation comme un droit humain ou comme un placement collectif. Ce problème est d'autant plus difficile à résoudre de façon judicieuse que l'éducation, par les effectifs énormes qui y travaillent, est devenue une zone de haut intérêt, de grande convoitise pour les politiciens. L'idéal, pour ceux-ci, serait de concilier le nombre et la qualité ; mais trop souvent, la qualité est sacrifiée au nombre pour des raisons électorales.

L'école est trop sérieuse pour être un enjeu politique entre les partis qui, au fond, partagent la même idéologie économique, mis à part quelques variantes. Le Parti québécois, autant que le Parti libéral, a tout intérêt à consolider une école qui se développe bien dans le contexte économique actuel et qui a une tradition de réussite. L'école privée, au Québec, remonte à plus de trois siècles et demi. Dans un système scolaire, on ne passe pas un trait de plume sur les traditions pour les faire disparaître du jour au lendemain. De plus, l'école privée s'est laïcisée. Elle a évolué plus vite que les mentalités qui sont restées encore accrochées à l'idée d'une école privée gérée par l'Église.

À un moment où il faut hâter l'organisation du système pour le dynamiser, le rendre concurrentiel, le Québec ne peut se permettre d'écarter les écoles privées considérées comme les fleurons du système d'enseignement. D'ailleurs, l'une des conditions pour qu'un système éducatif produise les résultats attendus est son authenticité : il faut qu'il se développe en conformité avec son histoire. Dans aucun cas, une idéologie ou un modèle étranger ne parviendra à résoudre les problèmes d'un système scolaire qui, en principe, reflète le tempérament national.

Dans tous les systèmes d'enseignement, d'ailleurs, il existe une hiérarchisation des institutions que l'on n'est pas parvenu à supprimer, mais que l'on cherche à atténuer dans les sociétés démocratiques. Il serait regrettable, dans le cas de la dichotomie de l'école privée et de l'école publique au Québec, d'instituer une sorte de lit de Procuste qui permettrait, sans aucune considération valable, de couper tout ce qui dépasse.

# IV
## LE DÉCROCHAGE SCOLAIRE

L'expression décrochage scolaire désigne communément au Québec l'abandon ou la désertion scolaire. Ce phénomène traduit toujours un malaise profond. Parmi les pays industrialisés, le Québec détient un fort taux de décrocheurs.

Le décrochage est un mal inhérent à tous les systèmes scolaires. Son existence même est due aux insuffisances inéluctables de l'appareil éducatif ; mais quand le phénomène dépasse un certain seuil, il doit être pris en compte. Les causes de cette désertion peuvent être internes, lorsqu'elle est engendrée par le fonctionnement même de l'école ; ou externes, lorsqu'elle dérive de situations extrascolaires.

Les décrocheurs sont des jeunes en qui la société a investi sans être parvenue à les doter d'une qualification. De ce point de vue, cela constitue une perte. Le système n'a pas pu conduire à bon port ces élèves destinés au départ à un rôle dans l'appareil de production. Néanmoins, il est certain que toute fréquentation, même temporaire, de l'école par les usagers produit des retombées à caractère social bénéfiques pour ceux-ci et pour la communauté. Même si ce n'est pas grand-chose, le peu que reçoit celui qui n'arrive pas au terme de la scolarité prévue contribue à son épanouissement psychologique et social. Cependant, cela ne compense pas le coût du décrochage qui, tout compte fait, demeure très élevé du point de vue économique

La force d'une nation réside dans l'efficacité de son système d'éducation. Aussi, le taux de décrochage alarmant qu'affiche le Québec compromet l'avenir. Ce problème, qui doit absolument être résolu, survient à un moment où la rareté du numéraire et le caractère persistant de la récession amenuisent les moyens financiers des pouvoirs publics.

Certains vont même jusqu'à s'interroger sur l'importance des budgets alloués à l'éducation dans la conjoncture économique actuelle. Il devient pour ainsi dire évident que les nombreuses compressions budgétaires effectuées par l'État traduisent le scepticisme des dirigeants à l'égard des fonds consacrés à l'éducation.

Pourtant, la finalité de tout système éducatif est bien au-delà des impératifs de l'économie ; et l'investissement en éducation devra être continu, sans quoi le pays risque d'être dépassé par ses concurrents ou de régresser. Certes, il est difficile pour les citoyens, en période de crise économique, d'accepter une baisse de leur niveau de vie pour assurer à d'autres un avenir reluisant. Cela se comprend : en général, ce sont les masses qui, par leur contribution, paient l'éducation à un petit nombre qui en bénéficie. Il y a là une énigme à résoudre pour les hommes politiques soucieux de justice.

Les conséquences sociales du décrochage scolaire sont aussi lourdes à assumer, quel que soit le pays. Responsable de difficultés d'emploi, de revenus insuffisants, d'actes divers de délinquance, le décrochage entraîne des coûts énormes. La collectivité a intérêt à se concerter pour y remédier.

On a souvent tendance à imputer uniquement à l'élève la responsabilité du décrochage. À la vérité, ce phénomène relève de très nombreux facteurs : la pauvreté des parents et du milieu culturel, une ambiance familiale déprimante, une pédagogie inadéquate, une gestion scolaire défaillante, la rareté des emplois, l'échec scolaire, etc.

Il n'y a pas de solution standard applicable à tous les pays en matière de décrochage scolaire. Il y a, par contre, à l'origine un facteur commun à tous les systèmes : la pauvreté. Ainsi s'explique qu'à Montréal le taux soit plus élevé que partout ailleurs dans la province. Devant la Commission des états généraux sur l'éducation, Mireille Andry, de la direction régionale de Montréal au ministère de l'Éducation, affirme que la métropole « détient également le triste record du décrochage : près de 40 % des élèves y quittent l'école avant d'avoir

45

obtenu leur diplôme de Secondaire V » (*La Presse*, 30 mai 1995). Le même jour, Madame Diane Fortier, la présidente de l'Alliance des professeurs de Montréal, ajoute devant la même commission : « Avec 46 % de décrochage, il n'y a pas de doute, l'école est en crise » (*La Presse*, 30 mai 1995).

Certains imputent aux jeunes immigrants le manque d'efficacité de l'appareil éducatif, notamment à Montréal où ils sont concentrés. C'est mal poser le problème. La structure d'un système scolaire est conçue d'abord et avant tout pour répondre aux attentes socioéconomiques d'un milieu donné. Des préalables sont établis pour être admis dans une classe. Aucun élève ne devrait être inscrit à un cours qu'il ne peut suivre. Une mauvaise gestion des effectifs de l'établissement constitue, elle aussi, un facteur d'échec, ce qui entraîne le décrochage. Somme toute, être immigrant dans un système scolaire étranger n'est qu'un épiphénomène greffé sur la pauvreté qui reste le facteur majeur de l'abandon scolaire, dans l'ensemble complexe des déterminants.

L'école se fonde sur une idéologie qui tend à faire croire que chacun est responsable de sa propre exclusion. Pourtant les statistiques comparées des pays industrialisés confirment, depuis longtemps, que les défavorisés payent un plus lourd tribut à l'échec scolaire ou au décrochage.

Il faut trouver un moyen d'améliorer les conditions de vie des enfants défavorisés, à l'âge scolaire, si l'on veut commencer à résoudre le drame du décrochage. Car toute pédagogie compensatoire ne peut qu'augmenter les coûts, sans régler grand-chose au bout du compte.

Au Québec, le décrochage scolaire s'emboîte dans une crise économique qui force les dirigeants à restreindre les dépenses. En même temps sévit le chômage, celui des jeunes en particulier, engendré par une technologie insensible à la condition humaine. À cela se greffe la situation dramatique de la langue maternelle. Simultanément, il faut démêler cet écheveau pour permettre au Québec, sous-peuplé et vivant d'exportation, de s'approprier une part du marché mondial.

Dans le document du ministère de l'Éducation intitulé *Chacun ses devoirs*, on peut lire que « le nombre d'élèves qui sortent des écoles, publiques et privées, avec leur diplôme en poche doit [donc] augmenter de façon marquée et ce, sans rien sacrifier sur le plan de la qualité de la formation ». Ce projet ambitieux est entaché d'irréalisme. Ces deux opérations — augmenter de façon significative le nombre de diplômés et maintenir la qualité de l'enseignement — ne peuvent être menées de front. Un arbitrage des priorités s'impose.

Au Québec, l'échec scolaire n'est pas la cause première du décrochage. D'ailleurs, la promotion est presque automatique, dans le secteur public, plus précisément. Il faut donc chercher ailleurs les causes de ce décrochage massif des jeunes du secondaire. Et elles sont multiples : le maigre contenu des programmes (notamment en français) et leur inadéquation, le manque de qualification des professeurs dans la matière enseignée, l'indiscipline des élèves, la dégradation du moral des enseignants, etc. À cela vient s'ajouter le chômage chez les diplômés des universités, ce qui entraîne d'ailleurs une indifférence pour les études en général et une lenteur de la scolarité au supérieur.

Il serait tout à fait légitime que nos adolescents puissent accéder aux emplois promis traditionnellement au terme de leurs études. Cette promesse tacite constituait autrefois, pour eux, une grande motivation. De nos jours, peu d'espoirs leur sont permis, ce qui explique en partie le drame du décrochage qui n'est autre qu'une forme de « désinsertion sociale ».

Si on en est là, c'est que les affaires de l'État ont été mal gérées, malgré les leçons de choses des crises antérieures. Les jeunes, informés, accusent les aînés de leur avoir légué la pollution, une dette écrasante, la menace du nucléaire, le chômage, et de s'en laver les mains.

Ce sont les causes externes et internes qu'il faut cerner à la fois pour agir et conjurer le drame du décrochage. Dans certains pays occidentaux, tout en essayant d'atténuer la misère des familles, l'accent a été surtout mis sur la compétence des maîtres, le matériel didactique et la gestion scolaire. En résumé, ce fléau qui frappe le Québec résulte d'une double défaillance de la politique sociale et de l'appareil éducatif.

# V

## Nouveau contexte et réforme

Seul un nouvel ordre mondial fondé sur des valeurs plus humaines permettrait de changer fondamentalement l'école. Telle que conçue aujourd'hui, l'institution scolaire des pays développés répond à la demande d'un grand marché. En fait, la concurrence, à l'intérieur de ce marché, demeure la source de la sélection scolaire et détermine les programmes d'études. Les meilleurs produits au meilleur coût laissent supposer une meilleure aptitude à l'innovation, ce qui exige le choix des meilleurs à l'école. Or, toute sélection est une sorte d'hécatombe.

Dans les pays occidentaux, deux conceptions s'affrontent en ce qui concerne le rôle du ministère de l'Éducation. La première consiste à assigner à l'enseignement la mission essentielle de fournir à l'économie les producteurs qualifiés de tous genres dont elle a besoin. Cet objectif devrait être atteint à moindres frais par la sélection systématique des élèves qui paraissent a priori détenir les meilleures chances de succès.

2) La seconde, plus généreuse, considère comme une fin en soi le fait d'ouvrir à tous l'accès aux études secondaires et supérieures : c'est la démocratisation. Un tel choix conduit à remettre à plus tard l'inévitable sélection. Les pays industrialisés, aux prises avec un marasme inquiétant encore en 1995, n'ont pas les moyens financiers de mettre sur un pied d'égalité la finalité économique et la finalité sociale de l'éducation.

Il y a des préalables à la mise en œuvre d'une réforme en éducation. Au profit de qui se fera-t-elle ? Il n'est plus possible de l'envisager dans la seule perspective du développement économique. Les aspirations profondes de l'homme et le destin de la planète ne coïncident pas toujours avec les exigences de la croissance. Il en résulte un déséquilibre affolant. La mesure de toute réforme valable pour l'avenir doit être l'homme.

Les efforts consentis au Québec, de 1960 à ce jour, dans le domaine de l'éducation sont fort louables. Cependant, l'organisation mondiale a pris un nouveau tournant qui nous impose un nouvel effort en vue d'améliorer qualitativement l'enseignement. Presque toute la deuxième moitié du vingtième siècle a été consacrée à la démocratisation de l'éducation. Maintenant, il faut mettre le cap sur la qualité. Pour cela, une planification paraît de toute nécessité.

Les effectifs nombreux engendrés par la démocratisation scolaire rendent aujourd'hui urgent le contrôle des coûts. Aucun peuple ne peut (aujourd'hui plus que jamais) se payer le luxe de dépenser en éducation pour satisfaire uniquement à la politique lyrique de la démocratisation : les temps sont difficiles. L'appareil éducatif est obèse et budgétivore. Il faut le rentabiliser, le réformer, le contrôler. Pour mieux exercer le contrôle, faudrait-il centraliser ou décentraliser ?

Toute décision de cet ordre doit tenir compte de nombreuses variables : des us et coutumes, de l'histoire, du tempérament national et surtout du système global dans lequel s'insère l'appareil éducatif. Les citoyens du Québec ont acquis le droit de participer à certaines décisions de l'école du quartier ; ils verraient difficilement l'État le leur ravir et faire gérer l'école en fonction des grands intérêts nationaux.

La centralisation consiste à « tout réunir en un centre unique d'action et d'autorité ». Une distribution équitable des fonds destinés aux écoles peut en résulter. Par la péréquation, les établissements scolaires bénéficient des mêmes ressources financières, des mêmes moyens didactiques et administratifs. Bref, des mêmes privilèges. Le transfert d'un élève d'une zone d'enseignement à une autre devient plus aisé, à cause de l'homogénéité des programmes scolaires, entre autres.

La décentralisation, elle, confère « une certaine autonomie aux divers organismes constituant une

51

collectivité ». Décentraliser, c'est disséminer à travers le territoire des administrations autrefois groupées en un même lieu. En matière scolaire, une grande inégalité peut en découler. Néanmoins, l'école devient plus perméable aux changements et aux innovations. Dans un système centralisé, l'uniformité du fonctionnement, la lourdeur de la machine rendent tout cela difficile. L'institution, dans un système décentralisé, s'intègre mieux dans la collectivité et répond plus adéquatement aux aspirations du milieu qui en a la gérance.

Bref, s'il fallait juxtaposer tous les avantages et tous les inconvénients de la centralisation et de la décentralisation, le choix serait impossible. D'ailleurs, dans ce domaine, l'expérience veut qu'« un système combinant une décentralisation de la mise en œuvre et une centralisation des politiques et du contrôle semble présenter des avantages dans beaucoup de pays industrialisés » (J. Hallak).

De plus, il faudrait repenser l'ensemble des programmes d'études du primaire et du secondaire, les comprimer en fonction des instruments technologiques nouveaux qui ont déjà droit de cité dans les établissements scolaires. Il ne s'agit pas de les utiliser sans discernement, mais de voir dans quelle mesure les jeunes peuvent s'en servir sans nuire à leur formation, à leur santé, à leur culture. Le temps disponible à la suite de cette réorganisation serait consacré à l'acquisition d'autres connaissances utiles.

Pour que l'école québécoise retrouve sa vocation première qui est de former les hommes et les femmes de demain, de leur apprendre à réfléchir et à trouver des solutions, une véritable réforme est nécessaire. En général, la réforme d'un système éducatif vise, entre autres, le remaniement des programmes scolaires et l'amélioration de la qualité de l'enseignement. Celle-ci se traduit par une hausse des exigences et une politique de renforcement des normes de passage aux examens finals.

L'école québécoise est débordée de critiques venant de toutes les directions. Les parents, les entrepreneurs, les partis politiques et les syndicats clament leur insatisfaction à son égard et affichent des attentes souvent pressantes et contradictoires. On tient, par exemple, à la démocratisation et en même temps on souhaite que chaque diplômé soit honoré d'un emploi dans la crise actuelle ; on insiste pour que l'école transmette les valeurs socioculturelles et que simultanément elle colle à la modernité.

Dans ce capharnaüm de contradictions, une réforme judicieuse devient délicate sinon difficile. Tout d'abord, il est primordial d'alléger l'institution scolaire de certaines responsabilités et de répartir celles-ci entre les différentes instances de la société pour que l'école enseigne.

Soulignons aussi que la crise vécue par l'école québécoise, en dépit de sa spécificité, n'est pas unique. Tout l'Occident en pâtit : elle sévit en Ontario, aux États-Unis, en France, etc. Elle est le prolongement d'une crise mondiale dont on n'entrevoit guère encore l'issue dans le cadre du système actuel.

Pendant longtemps, on s'est contenté de réformer l'école en fonction de l'économie. Cette école productiviste ne répond plus aujourd'hui aux attentes des entrepreneurs ni des promotions sortantes. En formation professionnelle, il a toujours existé un décalage entre le métier tel qu'il s'exerce sur le terrain et l'apprentissage qu'on en fait dans une institution d'enseignement. Dans le passé, l'ajustement entre les deux se faisait vite et bien, en raison de la moindre dissonance entre l'école et la profession. Tout est différent maintenant, à cause du flux vertigineux des innovations.

Les réformes, en éducation, selon le bon sens, ne peuvent pas suivre le rythme des changements technologiques dans les entreprises. Les nouveaux gadgets s'usent vite. Ce serait étourdissant pour les élèves et les enseignants. Il en découlerait quelques préjudices à la stabilité et à la cohérence même du système scolaire.

L'arrivée de l'ordinateur, son omniprésence, portent l'école à l'intégrer dans la formation des jeunes. Les élèves, depuis, se familiarisent avec cet instrument de travail. Il demeure que les mieux nantis en disposent à la maison, en font même un instrument de loisir ; ils bénéficient ainsi d'une avance certaine sur ceux dont les parents ne peuvent pas payer le prix de la technologie. L'ordinateur et son coût contribuent, si faiblement soit-il, à accroître les différences entre les étudiants admis à certaines facultés.

L'école, aujourd'hui, doit, dans toute perspective de réforme, sans être conservatrice, remettre en question la modernité. Durant la seconde moitié de notre siècle, l'homme a été le grand oublié de l'ère technologique. Le souci dominant du profit a mis en péril l'écologie, l'équilibre entre l'opulence et la misère, le devenir de l'espèce humaine. L'école, dans ses réformes actuelles, devrait agir par anticipation, c'est-à-dire faire prévaloir le « sens de l'humain » et l'inculquer, avec soin, aux générations dont elle a la responsabilité afin que les espoirs de nos jeunes cessent d'être fragilisés.

On ne peut pas suivre la mode pour réformer un système d'éducation. Le meilleur ratio entre ordinateurs et élèves à lui seul n'augmentera pas l'efficacité de l'école. L'avenir doit être envisagé dans une perspective plus large.

Actuellement, le savoir dispensé dans nos établissements scolaires est trop fragmenté. Cela déconcerte le bon sens. L'élève ne réalise pas toujours que le savoir forme un grand ensemble et qu'il se construit, au cours des études, par association comme un puzzle. Cette multitude de notions éparses décourage les jeunes qui, trop souvent, faute de pouvoir faire le lien, sont acculés au psittacisme. Apprendre est plus facile lorsque les connaissances s'enchaînent. Cette formation de base une fois acquise, il est alors possible d'y édifier une spécialité.

une culture scolaire

Les programmes de français du secondaire plus précisément mériteraient d'être revus et conçus de façon à fournir aux jeunes Québécois une culture scolaire ; cette expression désigne un ensemble de connaissances que s'approprient, par la pédagogie, tous les adolescents des principaux pays de la francophonie. Il n'est pas concevable que nos élèves terminent le secondaire sans savoir qui est La Fontaine, Molière ni même Nelligan.

Les programmes scolaires doivent tenir compte de l'âge de l'élève, sinon ils peuvent être un motif de désintérêt. À ce point de vue, leur étude comparative entre pays de même type s'avère utile. Ils doivent être présentés avec un souci particulier de clarté. Le professeur, quel qu'il soit, ne doit avoir aucune peine à saisir un programme d'études venant du ministère. Pourtant, ce n'est pas toujours le cas.

Le caractère hermétique ou flou des programmes du ministère de l'Éducation du Québec est connu dans le monde des enseignants. Il en résulte, souvent, qu'à un même niveau, les jeunes n'apprennent pas toujours les mêmes notions. Or, il existe une culture scolaire que tous les jeunes d'un même niveau doivent posséder. Pareille lacune est très évidente dans l'enseignement du français, par exemple. Pourtant, il s'agit là d'une discipline fondamentale. La langue maternelle conditionne la réussite dans presque toutes les autres matières. C'est pourquoi, tous les élèves, au seuil du secondaire, devraient se présenter avec un minimum de bagage linguistique plus ou moins équivalent.

Dans le milieu, il se cultive une sorte de scepticisme à l'égard des programmes conçus par les technocrates du ministère de l'Éducation. Il en ressort que les écoles font à leur guise, alors que les professeurs, sur le terrain, accusent les concepteurs de vivre dans une sorte d'olympe qui n'a rien de commun avec la réalité prosaïque d'une salle de classe. Or, tout programme doit être conçu en vue de répondre à des besoins immédiats et futurs ; il représente, somme toute, la norme qui permet de vérifier le degré de conformité du produit à l'attente du marché intérieur et extérieur.

Alors que dans certains pays industrialisés — la France, par exemple — les programmes scolaires ont été dénoncés, qualifiés même de démentiels, au Québec, dans la langue maternelle tout au moins, les programmes sont souvent déficients et inadaptés à l'âge des élèves. Tout cela contribue, dans une certaine mesure, à faire croître le désintérêt, voire l'abandon scolaire.

Le ministère devrait proposer des programmes de français plus consistants au secondaire. Une substance plus abondante forcerait les écoles à faire davantage en matière de langue maternelle. Il faut leur tenir la dragée haute, si l'on veut aussi inculquer le sens de l'effort à nos jeunes.

Il doit exister, au moins, une correspondance entre le contenu notionnel d'un programme et les examens de fin d'année scolaire, qu'il s'agisse d'épreuves conçues par l'institution scolaire ou provenant du ministère de l'Éducation. Le but d'une évaluation, au terme d'une année, consiste à mesurer le degré de maîtrise d'une habileté ou une somme de connaissances, comme prévu par le programme.

Dans la pratique, les examens — particulièrement ceux qui sont conçus par le ministère — sous prétexte de faciliter la tâche à tous les élèves de la province, sont en deçà du seuil fixé par le programme. Lorsque le niveau minimal prévu n'est même pas recherché par le ministère, il y a mystification. Cette discordance entre les programmes et les examens officiels cause un tort énorme à l'ensemble du système. Les élèves, au bout d'un certain temps, savent qu'il n'y a pas lieu de tout apprendre : le ministère se situera à leur niveau. Cette constatation en démotive plus d'un et complique la tâche des enseignants au cours de l'année. De plus, ceux-ci, sachant que l'examen final ne nécessite pas l'acquisition des habiletés ou connaissances prescrites par le programme, auront naturellement tendance à s'en écarter.

Pour suppléer à de telles insuffisances, les écoles privées, conscientes des lacunes des programmes officiels, réclament de leurs enseignants autant que possible un enrichissement de la matière. Cette initiative s'explique fort bien puisque la clientèle, plus motivée, a le potentiel nécessaire à un apprentissage plus ample. À la vérité, la capacité virtuelle d'apprendre de nos jeunes est bien supérieure à ce que l'on prétend. Qui n'exige rien n'a rien.

Si la conception des programmes revêt une importance capitale dans un système d'enseignement, c'est qu'elle permet de jauger la potentialité du milieu et d'augurer de l'avenir. Cependant, cela ne suffit pas pour assurer la qualité de la formation dispensée par l'école. D'autres facteurs entrent en ligne de compte, entre autres la méthode d'enseignement et les enseignants.

Il arrive quelquefois que la méthode relève d'une directive du ministère. À ce moment, il s'agit de l'application d'une politique visant un objectif précis pour l'avenir. Pour que tout se passe bien, on organise le recyclage du corps enseignant dans la discipline en question. Cela est tout à fait normal, puisque nous résistons tous plus au moins au changement. Ce fut le cas lors de l'application du programme-cadre. Lorsque la méthode n'est pas dictée par les instructions officielles, elle vient d'un spécialiste de l'éducation. Faut-il alors l'imposer au professeur ?

En fait, la méthode, c'est le chemin que parcourt le maître en compagnie de ses élèves allant à la découverte de la connaissance. Il importe que l'itinéraire soit bien connu du professeur pour qu'il les conduise avec confiance et sans hésitation. L'influence de la méthode est grande sur les enseignés. « Un enseignement méthodique, disait Paul Bernard, forme des esprits méthodiques. »

Un professeur qui tâtonne, tergiverse, se contredit en présence de ses élèves, voit son image se dégrader et compromet la rigueur intellectuelle des jeunes qui lui sont confiés. Le climat de la classe peut être aussi gâché de façon irrémédiable. Le professeur doit dominer de haut la matière qu'il enseigne ainsi que la méthode qu'il utilise.

On ne peut être efficace dans l'enseignement quand on sait juste un peu plus que les élèves ou qu'on apprend en même temps qu'eux. Dans un tel cas, le professeur manque d'assurance, de sérénité et communique simultanément à l'élève une sorte d'insécurité néfaste pour la motivation et pour l'intérêt scolaire.

Le savoir et la maîtrise de la méthode, chez l'enseignant, constituent des atouts indispensables à la réussite scolaire des élèves. L'un procure la confiance et le goût d'apprendre, l'autre familiarise le jeune à un cheminement rigoureux et formateur. Rien ne peut se substituer à ces atouts dans une salle de classe. Les facultés de science de l'éducation pourraient s'y attarder un peu plus. Il y va du crédit de l'enseignement, de l'école, du professeur.

# VI

## LA FORMATION DES MAÎTRES

La formation des maîtres doit être « le point d'entrée » de toute réforme pédagogique d'inspiration démocratique. Le maître, en raison de ses relations directes avec l'élève, est celui sur qui repose la réussite ou l'échec de ce dernier. C'est aussi autour de lui que se polarisent tous les déterminants sociaux et scolaires du décrochage.

L'enseignement requiert certains bagages. Pour l'exercer, il faut avoir, en plus d'un savoir spécialisé, le sens de la communication, le goût du verbe. Un professeur qui sait à demi ce qu'il dit suscite la méfiance, l'irrespect, le mépris des élèves. Il n'est pas nécessaire d'être un érudit pour enseigner, mais il importe de maîtriser ce petit parterre de connaissances que l'on est à appelé à transmettre à d'autres.

De plus, le professeur familier des notions de psychologie, de sociologie, de pédagogie doit être initié à des méthodes de travail variées, nouvelles et traditionnelles, afin d'y avoir recours, au besoin, de façon judicieuse. Car il est celui qui enseigne, qui encourage, qui décourage, qui note, qui, à l'occasion, protège l'élève contre une part de pragmatisme du système. À cet égard, les enseignants du Québec sont bien pourvus, les universités accordant à la psychopédagogie une place suffisante dans la formation des maîtres.

Cependant, cela ne suffit pas. Il faut au professeur une connaissance profonde de la matière qu'il enseigne. Rien ne peut compenser la médiocrité du savoir d'un enseignant dans une salle de classe ; ni son empathie ni sa générosité. Il est même plus aisé de passer du savoir au savoir-faire psychopédagogique que l'inverse. Les universités devraient trouver un juste milieu entre la formation psychopédagogique et l'approfondissement de la matière que le futur professeur aura à enseigner. Cet équilibre est nécessaire au rayonnement de l'école.

Pour former les stagiaires, les universités pourraient se référer à une liste d'enseignants proposés par les administrateurs scolaires. Ces stagiaires bénéficieraient de l'expérience, du savoir-faire, du savoir de ces professeurs chevronnés. Demander à l'aspirant professeur de se trouver un maître pour le stage, c'est jouer à pile ou face. Tous les enseignants, comme dans tous les métiers, n'ont pas la même habileté ni la même éthique. Makarenko disait qu'il est préférable d'avoir « quatre éducateurs de talent plutôt que quarante éducateurs mal doués et mal éduqués ».

Il ne suffit guère d'être doté d'un bagage théorique pour franchir avec succès le seuil d'une salle de classe. Nul n'ignore qu'il existe un fossé entre la théorie et la pratique pédagogiques. Cette situation explique en grande partie les difficultés réelles auxquelles font face les jeunes diplômés des facultés des sciences de l'éducation à leur premier emploi. Chez ces enseignants se manifestent une absence de maîtrise de la matière qu'ils sont appelés à dispenser et une carence certaine en didactique.

De plus, avant même d'enseigner, il faut comprendre le système dans l'ensemble et saisir parfaitement le rôle qu'y joue cet élément qu'est l'école. Ce préalable une fois acquis, il est permis de s'aventurer dans ce métier difficile de gouverner les adolescents.

À la vérité, la salle de classe est en rupture avec la réalité. Qu'on le veuille ou non. Les élèves n'en sont pas dupes. Certes, le professeur, à l'occasion d'un cours de français ou de mathématiques, fait des rapprochements avec le réel pour susciter l'intérêt. Mais cela est loin d'être constant.

Apprendre se ramène, somme toute, à un effort que l'élève doit effectuer au stade actuel de son existence pour comprendre l'univers. L'apprentissage de l'élève est un travail ; pour certains, sans doute moins ardu. Étymologiquement, le terme travail évoque la souffrance ; même quand on a le cœur à l'ouvrage, on ne peut s'empêcher, en travaillant, de penser à une dépense coûteuse d'énergie. Bref, tout s'acquiert par l'effort, et le travail scolaire ne fait guère exception.

Il n'existe pas de méthode pédagogique miracle. Celle-ci ne vaut que par le professeur qui l'utilise. En dehors de quelques principes fondamentaux que l'on peut compter sur les doigts, réussir dans l'enseignement est une affaire de savoir, de savoir-faire et de personnalité. En outre, une école diffère d'une autre selon la clientèle, la situation géographique, etc. Souvent, il arrive à un maître de bien faire dans un établissement et d'échouer dans l'autre. Les chances de réussir dans l'enseignement dépendent fréquemment de facteurs sur lesquels le professeur n'a aucune prise. On ne peut pas demander à un élève dont le foyer brûle d'être attentif, par exemple, à tout ce qui s'enseigne en classe.

Ce qui rend la réussite des professionnels de l'enseignement précaire, c'est cette double exigence de l'acte d'enseigner : bien maîtriser sa matière et pouvoir l'inculquer à ses élèves. Seule une préparation adéquate, sinon une aptitude naturelle, permet de réussir ce tour de force.

L'enseignant soucieux de la réussite doit se préoccuper, au départ, du profil intellectuel et psychosociologique de ses élèves. Au cas où les dossiers des enseignés ne seraient pas disponibles, le professeur devra faire montre de perspicacité, d'un très grand doigté et d'une très grande ouverture d'esprit pour apprendre à connaître ses élèves. Ce n'est pas une tâche toujours aisée ; mais on y parvient avec un peu de patience, de disponibilité et de tact.

Dans une salle de classe, il est loisible d'aborder les problèmes actuels, de leur accorder un temps de réflexion. On peut même esquisser des solutions fort novatrices ou tout à fait opposées aux intérêts du système. Néanmoins, il importe que le maître sache toujours où s'arrêter. Son rôle n'est pas de révolutionner les choses, mais de les faire évoluer. Le professeur qui n'en tient pas compte pourrait se voir éjecter de l'école, voire du système tout entier. De nombreux exemples dans l'histoire de cette institution en témoignent.

Il doit exister une correspondance entre la philosophie du professeur et celle de l'institution dans laquelle il enseigne. C'est pourquoi, avant de tracer le profil du maître, il importe de fixer les objectifs à atteindre, de préciser les contenus des programmes. À partir de là, seront déterminées la formation des maîtres et les méthodes selon lesquelles ils seront instruits. Il est peut-être bon de rappeler que l'enseignant est toujours enclin à rééditer la méthode par laquelle il a été lui-même formé ; sa formation est, d'ailleurs, capitale pour l'école et l'avenir. Préparer les maîtres, c'est assurer une continuité ; c'est éduquer ceux qui demain modèleront les jeunes d'après-demain.

Pour un enseignant, commencer une année scolaire, surtout au secondaire est chose difficile. C'est le moment où il faut mobiliser toutes ses énergies intellectuelles et physiques. Il y va de sa tranquillité d'esprit et de la réussite de l'année scolaire d'une trentaine de jeunes. Pour ces raisons, le premier mois de la rentrée préfigure l'année. Il est déterminant pour l'enseignant : c'est à ce moment qu'il doit projeter une image de lui-même qui restera gravée en chacun de ses élèves.

Soigner sa mise, au début de l'année tout particulièrement, pour un jeune professeur, se révèle un atout précieux. Au moins, il n'aura pas le souci du regard de l'autre, de trente autres. De ce point de vue, la tenue vestimentaire constitue une sorte d'attrait visuel, une esthétique qui, dans bien des cas, peut jouer favorablement.

Il va sans dire que pour réussir, le professeur doit accorder au premier mois de l'année un soin méticuleux tant au point de vue didactique et psychopédagogique que disciplinaire. Il ne s'agit point de jouer la comédie comme on a pris l'habitude de le laisser entendre. L'enseignement est une tâche trop sérieuse, une responsabilité trop grande pour le comparer à une soirée de spectacle ou de divertissement.

La grande différence entre faire du théâtre et enseigner est qu'on peut faire du théâtre un soir, plusieurs fois, pour un public différent, mais pas tous les jours pour les mêmes spectateurs. De ce point de vue, le métier d'enseignant (celui de journaliste aussi) est très exigeant et nous vide rapidement de notre contenu. Nous devons, chaque jour, trouver des nouveautés pour retenir l'attention des mêmes clients. De là l'urgente nécessité de pouvoir continuer à s'instruire pour être efficace. Plus le maître sait, mieux cela vaut. Tant pour lui que pour les élèves. La distance culturelle ne peut pas être un obstacle à l'enseignement d'une discipline à quelque niveau que ce soit.

Quand on enseigne, ce sont les mêmes élèves qui observent, écoutent, jugent le professeur, chaque jour, durant toute une année. C'est pourquoi le contenu notionnel du programme doit être suffisant pour permettre au professeur d'avoir de la matière, d'une part ; l'enseignant doit posséder des connaissances suffisamment étendues pour lui permettre de dominer sa matière et de l'exposer avec simplicité et attrait, d'autre part.

Il n'existe guère de matière difficile à enseigner : il n'existe que des explications diffuses. Le professeur est celui dont la tâche est de simplifier le savoir — sans le tronquer — afin de le mettre à la portée des élèves de tel ou tel âge. Les meilleurs enseignants sont ceux qui ont le souci de la clarté. On n'explique pas la même notion, au début du secondaire, dans le même langage qu'au terme du secondaire. L'âge n'est pas le même, le savoir des élèves non plus.

Dans l'enseignement, la parole demeure le principal instrument de travail. Curieusement, aucune des facultés où ce métier est enseigné n'offre un cours sur l'art de s'adresser à un auditoire. La communication verbale détermine la qualité de la relation entre maître et élèves. Or, la meilleure façon de l'assurer, c'est par la pertinence et l'amabilité du discours. Le pouvoir de la parole est souverain : il peut inciter puissamment le jeune à s'intéresser à la matière enseignée ou le décourager au départ. Le verbe est dynamique. Il faut choisir quoi dire à ses élèves et comment le dire. Dans une salle de classe, tout est plus facile à qui sait parler.

Dans l'enseignement, plus qu'ailleurs, une entrevue devrait précéder toute admission dans les facultés des sciences de l'éducation, cela pour s'assurer que le futur enseignant possède une voix convenable. Ainsi, les candidats à l'enseignement se verraient dans l'obligation d'évaluer eux-mêmes le timbre, l'intonation, le volume et le débit de leur voix. Un éminent éducateur a déjà avancé qu'il serait utile d'« enseigner aux futurs maîtres l'art de la diction ».

L'enseignant doit cultiver sa voix, l'apprivoiser, la maîtriser afin de pouvoir lui conférer toute sa force de persuasion. Manier les mots avec prudence et délicatesse doit être, pour lui, un souci constant afin de n'égratigner aucun de ses élèves.

Le ton aussi devra être soigné. Il fait la chanson, dit le proverbe. En classe, le professeur modulera la voix selon le groupe auquel il s'adresse, selon la matière qu'il veut faire passer, selon le contenu de la communication, selon l'environnement, selon les circonstances. Le verbe, quand il est maîtrisé, est une magie qui emporte toutes les résistances. De ce point de vue, il aide aussi à asseoir l'autorité.

À part la maîtrise de la parole, la planification de l'enseignement est une condition nécessaire à la réussite de l'acte pédagogique. Dès les premiers jours de classe, il est impérieux de faire un survol du programme de l'année avec ses nouveaux élèves. Cela leur permet de se rendre compte que le professeur est parfaitement imprégné de la tâche qui lui est impartie par le programme. Par la suite, le maître procédera à un morcellement de la matière étape par étape. Cette présentation devra être d'une grande limpidité, puisque c'est à partir de ce préambule que l'élève se fera une première idée de la compétence du professeur et de l'intérêt du cours. Les premières impressions, comme les premières habitudes, sont les plus durables.

Il arrive même qu'à cette occasion certains prennent déjà goût à l'enseignement du maître. Quant aux autres — ceux qui se disent faibles dans la matière —, l'enseignant doit les rassurer, afin de leur donner, au seuil de l'année, l'espoir de la réussite. Souvent, la perspective du succès redouble l'intérêt de l'élève et lui permet de découvrir ses ressources.

Goûter au succès permet d'éviter soit le découragement de ceux qui éprouvent habituellement de la difficulté dans la matière, soit le blocage des autres non encore adaptés aux nouvelles exigences. Cette ultime tentative du maître se justifie en raison de l'hétérogénéité des niveaux de connaissances des membres du groupe. Ramener l'espoir permet aux élèves de s'intéresser au travail scolaire. Leur ardeur se décuple, puisque le succès semble à portée de tous. Au professeur aussi, cet encouragement subtil pour stimuler l'effort des autres ne peut que profiter.

Une préparation adéquate est nécessaire à tout enseignant qui se présente en classe. Il ne s'agit pas d'une culture acquise préalablement par le professeur, mais d'une révision, sinon d'un approfondissement des connaissances dans le domaine qu'il se propose d'aborder avec ses élèves. Toutes les questions connexes à la matière devront être creusées suffisamment. De plus, l'enseignant doit être en mesure d'aller au fond des choses et de pouvoir faire le lien entre cette parcelle de connaissance et d'autres disciplines enseignées aux jeunes. Bien agencées, les différentes matières permettent aux élèves d'acquérir une meilleure formation.

Tout ce que le professeur sait ou glane durant ses préparations en vue d'un cours ne doit pas être nécessairement enseigné. Pour faciliter à ses élèves l'acquisition de la matière, il y a un tri à effectuer, une structure à adopter, selon leur âge, leurs intérêts, leurs capacités intellectuelles : c'est le choix didactique.

Généralement, au bout d'un mois de travail méthodique, l'élève intériorise le schéma de fonctionnement propre au professeur et se l'approprie, consciemment ou non. Le choix de la méthode s'effectue en fonction du groupe. Il est courant que, dans deux classes de même niveau, le maître soit obligé de recourir à deux procédés différents, chaque classe ayant sa personnalité propre.

Dès le premier mois de travail — et durant toute l'année scolaire —, l'éducateur doit faire montre d'une certaine dévotion à la tâche. C'est ainsi, par l'exemple, qu'il inculquera l'ardeur intellectuelle à ses élèves. Il est rare que ces derniers rejettent un rythme de travail modéré, bien sûr, venant d'un professeur enthousiaste dans son enseignement et diligent dans ses corrections. Il va sans dire qu'il importe de tenir compte de la clientèle qui constitue la classe avant de fixer le rythme de travail.

S'il s'agit d'élèves bien disposés à apprendre, ayant des ambitions scolaires bien définies par la voie qu'ils ont choisie, il est possible d'intensifier le rythme d'apprentissage sans les entendre se plaindre. Toutefois, si le groupe, pour une raison ou pour une autre, se cabre ou présente des particularités psychosociales, le professeur, dans sa sagacité, devra modérer le rythme des travaux, changer de méthode ou renforcer sa relation avec les élèves afin de pouvoir couvrir le programme scolaire.

Dans un tel cas, le concours de la direction de l'établissement s'avère indispensable. Il se peut bien que l'enseignant soit obligé de sortir du

71

décor habituel pour avoir un entretien amical avec ses élèves qui savent bien que, par tradition, les rapports sont verticaux dans une salle de classe. Sortir du cadre habituel aide quelquefois à résoudre le problème de la résistance de certains élèves à l'apprentissage. Des rapports difficiles entre le maître et l'élève peuvent nuire au bon fonctionnement du groupe, à la transmission du savoir, à l'assimilation des notions, à la santé mentale du maître.

# VII
## MANUELS SCOLAIRES
## ET INSTRUMENTS DE MESURE

Des instruments de travail bien construits jouent un rôle déterminant dans l'enseignement. De là, la nécessité pour les dirigeants d'avoir un coup d'œil critique sur les ouvrages utilisés par les élèves dans le système scolaire. Cette évaluation nécessaire doit porter à la fois sur le contenu, sur la didactique et sur la forme des manuels.

Le contenu devrait être le même pour tous les jeunes d'un même niveau et répondre aux exigences du ministère de l'Éducation, lequel participe à un plan d'ensemble avec les autres ministères. L'éducation dessert tous les domaines d'activités ; et les problèmes d'éducation transitent partout dans le système. Toutefois, la conformité au programme ne garantit pas l'efficacité d'un manuel scolaire. Il faut une démarche didactique, c'est-à-dire, une façon d'enseigner qui tienne compte de l'âge et de la personnalité des élèves, afin de leur inculquer un savoir clair, dépouillé de toute ambiguïté et de les préparer à acquérir, de bon gré, d'autres connaissances dans leur champ d'intérêt. À la vérité, la didactique facilite l'apprentissage et donne, lorsqu'elle est appropriée, le goût d'apprendre.

Au moment de l'évaluation d'un manuel scolaire, il faut aussi avoir le souci de la forme, dans le sens stylistique du terme. Il importe d'accorder une attention particulière à la correction de ces ouvrages. Le tutoiement abusif contenu dans nombre d'instruments pédagogiques va à l'encontre de l'usage international de la langue. Il est d'autant plus important de rectifier cet impair qu'il s'agit d'ouvrages destinés à apprendre la langue maternelle à des jeunes appelés à s'exprimer aussi en dehors du Québec.

Bref, le bon manuel scolaire comporte, sans doute, des avantages d'ordre pratique pour l'enseignant. Sans y être asservi, le professeur l'utilisera comme une source abondante et riche. Au Québec, les ouvrages scolaires d'une certaine trempe intellectuelle et didactique ne sont pas légion. À cause de cette carence, la tâche de l'enseignant se décuple et se complexifie. Un manuel scolaire bien conçu est un instrument précieux que le professeur utilise habilement, pour instruire ses élèves.

Des manuels scolaires bien écrits et bien pourvus allégeraient la tâche des enseignants. Ceux-ci perdraient moins de temps à rédiger des cours et *dysorthographie*

à composer des exercices. Cette économie de temps ferait place à une préparation plus vaste, par exemple, à des lectures nécessaires à la culture de l'enseignant. Car celui-ci doit avoir de quoi semer pour que l'élève moissonne.

Quant aux notes, elles sont la source de nombreux conflits dans l'enseignement. Plutôt qu'un moyen d'apprécier les acquisitions de connaissances et les habiletés, elles sont devenues une fin en soi. Aussi certains élèves, même parmi les meilleurs, trichent quelquefois par crainte de l'échec ou par désir de faire mieux que les autres. Le système tel qu'il fonctionne ne consolide pas les vertus. Au contraire. Ce travers scolaire n'est pas le seul inconvénient créé par l'école elle-même. Bien des maladies existent qui ne le seraient pas sans elle : la dyslexie, la dysorthographie, la dyscalculie.

Par ailleurs, la note constitue, dans bien des foyers, une importante cause de conflit entre les jeunes et leurs parents. Elle est souvent, pour certains adolescents, le moyen de contredire, d'affronter père et mère, de s'affirmer quel qu'en soit le risque. Dans bien des familles, l'harmonie est rompue parce qu'un adolescent ne fournit pas le rendement scolaire attendu. Toutes ces raisons font que noter n'est pas un acte simple et sans conséquence.

Dans la pratique de son métier, le professeur devra s'attendre, dès la remise du premier travail corrigé, à des remous dans la salle de classe. Il doit donc bien se préparer à gérer une telle situation. Il arrive même que, parmi ceux qui obtiennent les meilleures notes, il y ait des mécontents.

Pour désamorcer la crise, si les résultats sont désastreux, le maître dont l'autorité est précaire annoncera aux élèves, au moins une journée avant la remise des travaux, l'insuccès de cet examen ; il leur indiquera aussi les dispositions pédagogiques qui seront prises pour améliorer les résultats. Cela expliqué en toute sincérité, les amertumes se dissiperont et l'espoir de pouvoir mieux faire la prochaine fois naîtra. De plus, avec le temps, la contestation s'estompera.

Afin d'éviter de tels remous, l'enseignant choisira avec soin les questions d'examen ; il écartera toutes les formulations ambiguës. Il préparera, en même temps, la réponse au questionnaire. Cela permet de jauger le coefficient de difficulté de l'examen ou du test et de planifier la correction en groupe.

Si les notes sont mauvaises, les interventions d'une agressivité à peine voilée fuseront de partout. Une correction commune faite avec sérénité, assurance et clarté, atténuera ces turbulences.

De telles réactions proviennent en partie du fait que bien des facultés exigent des notes faramineuses pour y être admis. Il en résulte que le savoir, dans cette perspective devient, pour l'élève, tout à fait secondaire. Souvent même à la contestation ferme des élèves se greffe l'appui incon-

ditionnel des parents, ce qui ne peut qu'enveni-
mer le climat de la classe.

Dès le début de l'année scolaire, le professeur
doit tout expliquer clairement aux élèves au sujet
de la correction des travaux et énoncer sans équi-
voque ses exigences. Autrement, ce premier
affrontement risque de modifier l'ambiance de la
salle de classe, de faire reculer le professeur, ce qui
augure mal pour le reste de l'année.

La note constitue soit une sanction soit une
récompense. Pour quelques rares enseignants — il
faut l'avouer —, c'est un moyen de règlement de
compte. De toute façon, la note décernée n'est
jamais objective, quelle que soit la discipline. Le
but du professeur consiste à se rapprocher le plus
possible de la valeur réelle de l'élève. Soit, par
exemple, une dictée sur vingt points. L'élève A
aurait commis cinq fautes (à deux points par
faute) relevant de l'orthographe d'usage ; l'élève B,
cinq fautes relevant de l'orthographe gramma-
ticale. Peut-on dire que la note de dix sur vingt
obtenue par chacun des deux élèves revêt la même
signification ? Non. Dans le premier cas, il s'agit
d'un problème d'observation de la graphie des
mots (l'orthographe d'usage) ; dans l'autre, c'est la
grammaire qui fait défaut (l'orthographe gram-
maticale).

De plus, tous les élèves n'ont pas les mêmes
aptitudes intellectuelles. Tel aura fourni un travail
immense pour obtenir des résultats passables ; tel
autre, sans grand-peine, aura eu une excellente

note. L'évaluation n'aura pas tenu compte de l'effort dans le premier cas ; elle ne l'aura guère encouragé dans le deuxième.

En raison de ces nombreux facteurs, le professeur avisé, avec un esprit de justice, utilisera la note sans susciter de remous dans la salle de classe. Tout dépend de son habileté et de son savoir-faire dans ce rôle d'éveilleur de talent qui lui est dévolu. La correction, quelle que soit la discipline, ne peut être mécanique. Elle doit contenir une parcelle de réflexion pour être, avant tout, humaine et dynamique. Elle doit être nuancée, principalement au primaire et au secondaire, dans l'intérêt des talents incarnés dans des personnalités différentes et provenant de tous les milieux.

Un objectif pédagogique doit toujours soustendre un devoir ou un examen ; et la correction en vérifiera le degré de réussite. Mais il importe quelquefois de sortir des sentiers battus en la matière pour tenir compte des aptitudes de chaque élève en particulier et l'amener à découvrir son potentiel, à acquérir une certaine assurance.

De toute façon, le correcteur parfait, toujours le même, surtout dans certaines disciplines comme les lettres et la philosophie, n'existe pas. Dans un texte écrit, par exemple, bien des choses peuvent échapper au professeur, par lassitude certaines fois ou parce que l'objectif ciblé semble atteint. Même avec une grille, la correction ne peut avoir qu'une valeur approximative. En français, par exemple, tout est nuance.

D'ailleurs, dans toute évaluation, s'insinue le coefficient personnel du correcteur. Certains enseignants très narcissiques se réjouissent de voir leurs élèves s'exprimer dans les mêmes termes qu'eux. Les élèves, perspicaces, s'en rendent compte et s'appliquent très tôt à avoir le profil du maître pour pouvoir exceller.

Bref, la note est un instrument à double tranchant. Elle peut stimuler certains, comme elle peut décourager d'autres. Elle ne mesure jamais avec uniformité. Sa grande faiblesse est qu'elle ne tient pas compte de l'effort fourni par l'élève. C'est pourtant un mal nécessaire pour fonctionner dans le système tel qu'il est. L'idéal serait de s'assurer que les enseignants formés soient très conscients du danger, de la délicatesse et de l'efficacité de la note. L'évaluation est un pouvoir réel détenu par l'enseignant. Ce pouvoir doit s'exercer avec modération et clairvoyance dans l'intérêt de l'épanouissement de l'élève. Autrement, il risque de causer des préjudices. Une même note n'a pas des effets identiques sur des personnalités différentes. D'où l'importance, pour le professeur de connaître chacun, très tôt, au début de l'année scolaire.

L'examen constitue l'un des pires moments de la vie scolaire ; il est à l'origine de la réussite ou de l'échec. Dans sa solitude profonde, l'élève cherche à donner le meilleur de lui-même lors d'une épreuve ; il tente de bien faire pour se valoriser et être valorisé aux yeux des autres : ses parents, ses amis, ses professeurs. Qui, un jour ou l'autre, n'a pas ressenti quelques palpitations avant une épreuve importante ? Dans certains cas, l'angoisse prend une telle proportion que beaucoup en perdent leurs moyens. Faut-il infliger de tels supplices à des jeunes à qui l'on veut tout simplement inculquer un certain savoir et le goût d'apprendre ? Là-dessus, les opinions sont très partagées.

Il est bon de s'entendre sur le sens du terme examen pour commencer. Au fait, c'est une épreuve à laquelle est soumis un candidat en vue d'une évaluation. Ordinairement, l'examen revêt une certaine solennité. La date est fixée, une sorte d'échéance inexorable. Même que, dans certains cas, il faut changer de décor. Ce genre d'épreuve — c'est bien le terme — vérifie si l'élève a acquis la formation prévue par un programme ou durant une session.

Il va sans dire que tous ne réagissent pas de la même façon à un examen. Certains élèves, fatigués, craquent sous le poids de la tension ; d'autres, plus aptes, pour des raisons qui n'ont rien à voir avec l'école, réussissent à passer cette épreuve avec succès.

Les examens jouent un double rôle dans le système éducatif : l'un qui consiste à vérifier les connaissances ou la formation acquise ; l'autre, plus subtil, qui a pour objet de faire accepter la supériorité du condisciple telle qu'établie par l'école ou par la société, par le biais de l'école. Ce rôle voilé joué par l'école contribue à la stabilisation de l'organisation sociale. On oublie à la longue que ceux qui réussissent le mieux dans le système sont aussi les mieux nantis. La fonction de l'école consiste aussi à souligner par l'échec que certains sont nettement supérieurs aux autres. À ce titre, les meilleurs postes leur sont réservés. On aurait beaucoup de mal à apaiser la contestation des autres, sans l'existence de l'école. Les sociétés se fondent sur la qualification de ses membres pour la distribution des fonctions ; or celle-ci passe absolument par l'école qui est le fondement de toute société « méritocratique ».

Dans tous les systèmes, à côté de l'examen, il existe ce que l'on appelle le test. En fait, il s'agit d'un examen de moindre importance, en ce sens qu'il porte sur une matière moins étendue ; il se déroule dans un décor familier, sans que l'élève soit le moindrement troublé dans ses habitudes. À la différence de l'évaluation formative, le test, noté, comptabilisé, est donc toujours pris au sérieux, sans pour autant être aussi angoissant que l'examen en tant que tel.

Bien que les examens et les tests jouent un rôle capital dans le système scolaire, les futurs enseignants ne savent pas toujours comment élaborer un questionnaire. Cela a été constaté à maintes reprises chez les stagiaires provenant de différentes facultés de science de l'éducation, d'ailleurs fort bien cotées.

Souvent, les questions posées sont inutiles, c'est-à-dire ne recherchent rien de significatif.

D'autres fois, elles portent sur des détails tout à fait insignifiants. Bien plus, il arrive que le questionnaire commence par ce qu'il y a de plus difficile dans la matière. Ainsi, l'élève, dès le départ se trouve bloqué psychologiquement, perd son temps, s'énerve, se décourage, finit par être perturbé au point de rater tout le reste de l'épreuve qu'il aurait pu aisément réussir.

Compte tenu de tous ces aléas, l'école aurait dû avoir le souci d'apprendre à l'élève comment passer un examen. Il ne s'agit pas là d'un cours de méthodologie du travail. Pas du tout. En raison de la large place qu'occupent les tests et les examens dans le système scolaire et aussi dans la vie des élèves, il serait bon que ceux-ci sachent comment tirer leur épingle du jeu, au moment de l'épreuve.

Les considérations qui précèdent ne constituent nullement un plaidoyer pour la suppression des examens. Les choses étant ce qu'elles sont, ceux-ci demeurent une nécessité. Cependant, il y a assurément moyen d'améliorer la situation pour que ces épreuves soient pour les jeunes moins pénibles. Dans certains établissements, les meilleurs sont allégés par l'exemption à l'examen le plus important de la session ou de l'année.

Une telle décision administrative risque de renforcer, chez les élèves, la conviction que le plus important, ce n'est pas la formation qu'ils reçoivent, mais la note. Les élèves qui réussissent le mieux étant généralement ceux qui proviennent d'un foyer stimulant, les dispenser d'un ou de plusieurs examens importants, c'est leur accorder une prime aux dépens des autres qui n'ont pas le bonheur de vivre dans un milieu aussi encourageant. Dans ce sens, Christian Combaz écrit : « Les enfants heureux sont à l'aise dans la plupart des matières. Les malheureux, trop souvent, ne sont bons à rien, même si leur intelligence n'est pas en cause. » Certes, les exemptés auraient toutes les chances de bien faire comme d'habitude, mais il se pourrait aussi que quelques-uns chancellent pour certaines raisons : la plus grande étendue de la matière, la solennité de l'épreuve par rapport aux tests habituels, la correction même, car « tout correcteur est bien rarement égal à lui-même ». Les travaux de Piéron nous ont appris que même l'ordre de la copie dans le paquet peut influer sur la correction.

La fréquence des examens dans l'appareil scolaire veut, somme toute, exercer le candidat qui aspire à de longues études à bien passer des examens. Or, il n'existe pas d'exemption au supérieur. En éducation, ce qui fait la valeur d'une mesure prise au secondaire, c'est sa conformité à l'organisation du supérieur.

# VIII
## LA GESTION SCOLAIRE

Une bonne gestion des écoles garantit à la collectivité tout entière des bénéfices importants : les programmes et examens sont mieux administrés ; les élèves mieux compris, mieux encadrés deviennent plus confiants, plus créateurs ; l'avenir devient plus prometteur. Il peut même en résulter une diminution des taux d'échecs scolaires, une augmentation significative de gens qualifiés aptes à participer au développement national.

Le premier responsable de la gestion de l'école est le directeur de l'institution. Il est tenu d'en rendre compte à des autorités extérieures à l'école elle-même. Qu'il s'agisse d'un établissement public ou privé, le directeur est obligé d'informer le ministère de l'Éducation, organisme qui chapeaute le système scolaire depuis 1964, de la marche de l'institution en ce qui a trait à la pédagogie, aux programmes et à leur application.

Les tâches relevant de la direction d'une école sont si diverses qu'il est rare qu'un seul homme y suffise. C'est pourquoi elle est généralement tricéphale : un directeur des services pédagogiques, un directeur des élèves, un directeur des finances. C'est le premier qui détient, en fait, l'autorité. Il en délègue une partie aux deux autres et aux adjoints.

Une telle structure suppose une répartition rationnelle des tâches. Celles-ci doivent être définies par écrit et contenues dans des limites bien précises. Tout dédoublement entraîne des coûts additionnels et un gaspillage de temps.

Le directeur des services pédagogiques demeure chargé de l'administration de la chose pédagogique à l'intérieur de l'école : préparation et planification de l'année scolaire, recrutement et sélection du personnel, utilisation rationnelle des ressources humaines, application des programmes, utilisation fonctionnelle du matériel et de l'équipement, etc.

Le directeur des élèves veille à la discipline dans l'établissement. Il n'est plus comme autrefois un pourvoyeur de sanctions, mais une personne ressource, apte à comprendre plutôt que prompte à punir et ouverte aux problèmes auxquels font face les élèves en difficulté. Bien sûr, tout cela n'exclut pas les interventions fermes lorsque le besoin s'en fait sentir.

Quant au directeur des finances, c'est à lui qu'il revient de comptabiliser toutes les entrées et sorties de fonds qui assurent le fonctionnement de l'école dont il prépare aussi le budget.

Naturellement, ce n'est pas le directeur qui détermine le nombre d'adjoints qui lui sont nécessaires. C'est le ministère de l'Éducation qui, tenant compte des effectifs globaux, établit un ratio directeur/élèves. Il peut décider qu'un directeur suffit pour une école qui reçoit deux cent cinquante élèves et qu'un adjoint s'impose pour chaque tranche supplémentaire de deux cent cinquante élèves. Ainsi un établissement dont la clientèle est de sept cent cinquante élèves a droit à un directeur et deux adjoints. En procédant ainsi, l'État s'assure que chaque élève reçoit toute l'attention et tous les services auxquels il a droit. L'école existe pour l'élève et doit être pour lui un « milieu de vie » satisfaisant.

Au Québec, le pouvoir réel détenu par les administrateurs semble bien fragile. Ceux-ci se trouvent, le plus souvent coincés entre les parents qui veulent tout pour leurs enfants et les syndicats d'enseignants qui protègent inconditionnellement leurs membres. La primauté de l'ancienneté sur la compétence, quant à l'attribution de certaines tâches, livre pieds et poings liés les gestionnaires au syndicat. Nos conventions collectives méritent d'être purgées de la déraison pour une meilleure efficacité de l'école.

Il faut trouver un moyen de laisser les coudées franches aux administrateurs scolaires. On note souvent des interventions de parents ou de commissaires scolaires soucieux de leur réélection. Ces situations concourent à affaiblir la discipline, compromettent le bon fonctionnement de l'école, nuisent à la formation des jeunes et à la rentabilité de l'investissement.

Il est légitime que les parents s'intéressent à l'institution à laquelle ils ont confié ce qu'ils ont de plus précieux : leurs enfants. Toutefois, il importe de baliser les territoires pour éviter les risques d'empiétement, car l'école, dans la cité, joue un rôle qui dépasse les intérêts des individus. Elle prépare l'avenir, aujourd'hui, dans un contexte de concurrence féroce et de marasme.

Les administrateurs, en assumant toutes les responsabilités qui leur incombent au sein de l'établissement, les professeurs, en s'acquittant avec compétence de leur fonction, pourraient peut-être convaincre les parents de changer d'attitude à l'égard du fonctionnement de l'école. La confiance rétablie, il pourrait s'effectuer une sorte de transfert des droits des parents aux maîtres et aux administrateurs préparés et consciencieux. La discipline, souvent fonction du prestige des administrateurs et des enseignants, se resserrerait à l'école. Celle-ci accomplit difficilement sa mission sans discipline, l'essence même de la réussite. À l'école, comme dans la vie.

Tout administrateur scolaire devrait être en mesure de choisir librement les moyens de répartir la tâche, par exemple, pour le meilleur rendement de son école. Il devrait aussi avoir suffisamment de latitude pour prendre les mesures disciplinaires qui s'imposent contre un trublion de l'établissement, sans risquer les foudres des parents ou des élus de la commission scolaire.

Les écoles publiques qui arrivent à se tailler une réputation de prestige dans l'opinion le doivent à la force de caractère et au doigté de leurs dirigeants. Non pas toujours à l'appui systématique auquel toute administration sérieuse a droit. Pour peu que les parents et les élèves perçoivent une faiblesse du côté de la direction, ils en profitent et risquent de tout chambarder dans l'école.

Une fois que les élèves seront devenus les maîtres, l'institution ne pourra plus s'acquitter de sa tâche de dispenser une formation, de socialiser, de répondre aux besoins de l'économie. Alors, il s'exercera, dans cet établissement une sorte de loi de Gresham qui fera en sorte que les « mauvais élèves » chasseront les « bons ».

À ce stade, l'école devient une garderie, une sorte de tonneau des Danaïdes où s'engouffrent les fonds publics, ce qui contribue sans doute, pour évoquer un spectre à la mode, à faire accroître le déficit. Car, comparées au coût réel, les retombées sociales d'une scolarisation faite dans ces conditions sont fort insignifiantes. Dans une école bien gérée, cependant, une diminution des taux d'échec et de décrochage est fort possible. Ce n'est pas par accident que les meilleures écoles fournissent souvent les hommes les plus éminents.

Les principaux responsables des produits de l'organisation scolaire sont les directeurs. C'est la raison pour laquelle ils devraient être dotés de pouvoirs réels leur permettant de faire rayonner leur établissement. C'est peut-être de là que l'école privée tire sa force.

L'organisation scolaire existe en vue d'offrir des services de nature pédagogique. En son sein œuvre un groupe hiérarchisé de personnes dont le but commun est l'éducation. À cette fin, l'organisation réunit le personnel nécessaire, fournit les locaux appropriés, met en application des programmes devant répondre aux besoins actuels et futurs de la collectivité.

Dans l'industrie, le produit fini constitue un bien de qualité aisément appréciable. Tout peut être mesuré ou vérifié. Dans l'entreprise scolaire, il en est autrement. Le produit fini, en l'occurrence l'élève qui a atteint le niveau de connaissances souhaité, reste un élément humain dont le savoir est difficilement quantifiable.

Parallèlement, le fait que l'élève ait cheminé avec succès à travers un cycle d'études donné ne confirme pas forcément l'habileté de ses enseignants. D'autres facteurs peuvent être à l'origine de cette réussite : la motivation personnelle issue du milieu culturel auquel il appartient, entre autres.

L'organisation scolaire doit donc fixer des objectifs et vérifier, à intervalles réguliers, s'ils sont réalisés ou en voie de l'être. S'ils ne sont pas atteints, elle aura pour obligation de déterminer pourquoi et d'envisager comment y remédier. Cela requiert une évaluation de tous ceux qui, à des degrés divers, sont responsables des résultats obtenus.

Aux yeux du profane, ce sont les professeurs les premiers responsables du produit fini du système scolaire. Cela n'est vrai qu'en partie. À l'intérieur de l'institution même, cette responsabilité incombe autant aux professeurs qu'aux cadres. Aussi convient-il d'évaluer ceux-ci et ceux-là selon des méthodes et des techniques appropriées.

Évaluer un enseignant est une opération passablement compliquée. Faut-il procéder à partir de la perception que les élèves ont de leur professeur ? C'est possible ; mais cela ne suffit guère, pour deux raisons. D'abord, l'élève peut fort bien ignorer l'objectif poursuivi à travers l'enseignement qu'il reçoit ; ensuite, il n'est pas en mesure d'évaluer une didactique. L'évaluation du professeur par l'élève relève uniquement de l'impression. Ce que ce procédé permet de jauger effectivement, c'est la qualité de la relation entre maître et élèves. Or, celle-ci n'est qu'une des composantes de la motivation et de la réussite.

Les résultats obtenus par un groupe d'élèves à un examen corrigé et noté par un professeur autre que le leur est plus représentatif de l'efficacité du maître. Cette forme d'évaluation permet de mesurer le degré de préparation du groupe de l'enseignant. Il est à présumer que le professeur y est pour quelque chose.

L'autre méthode consiste à faire évaluer l'enseignant par ses pairs. Cette technique, quoique

91

imparfaite, mesure surtout l'aptitude du professeur à travailler en équipe et quelque peu ses habiletés et ses connaissances. La difficulté de l'évaluation d'un professeur tient au fait que, pour avoir un profil tant soit peu conforme à sa valeur réelle dans l'organisation, il faut combiner les trois méthodes. Pour dire vrai, l'aptitude à enseigner n'est guère mesurable avec exactitude.

En effet, l'enseignement en soi est un phénomène complexe. Trois ordres de facteurs peuvent l'influencer : 1) l'enseignant, dont la personnalité, les attitudes particulières, les centres d'intérêt, les connaissances en font un professeur unique ; 2) l'enseigné qui, bien qu'appartenant à un groupe (la classe) s'en distingue par ses intérêts particuliers, ses attitudes, ses capacités, son milieu familial et socioéconomique ; 3) les variables indépendantes des deux premières que sont la matière enseignée, le matériel didactique disponible, le milieu où se situe l'école, ses dimensions, son mode de fonctionnement.

Quoi qu'il en soit, une évaluation périodique des enseignants s'avère indispensable, de même que le choix d'une méthode d'évaluation. Celle-ci constitue un outil qui procure aux gestionnaires le moyen d'assurer à l'école une efficacité accrue. Aujourd'hui plus encore, à cause de la concurrence et des coûts, les enseignants, comme les administrateurs, devraient avoir la responsabilité des produits de l'école, pour parler un langage marchand.

On entend par cadres tous ceux qui, à un degré supérieur, occupent des postes de responsabilité dans une organisation. En ce sens, fonctionnaires du ministère, directeurs d'écoles (publiques ou privées), entre autres, sont des cadres. Sur eux, autant que sur les responsables immédiats de l'enseignement (les professeurs), repose la bonne marche du système.

Les cadres scolaires sont appelés à appliquer les décisions concernant les orientations à donner au système éducatif. Ils assument les responsabilités qui engagent non seulement l'avenir de milliers de jeunes, mais encore une bonne partie des fonds publics consacrés à l'éducation. Pour ces raisons, ils doivent, comme les responsables de l'enseignement, être soumis à une évaluation périodique.

Nul doute qu'il n'est pas plus facile d'évaluer un cadre scolaire qu'un enseignant. Cette évaluation est tout aussi indispensable, cependant. La difficulté réside dans le fait qu'un cadre est celui qui porte les autres à donner le meilleur d'eux-mêmes. Sa performance doit être appréciée en termes des résultats découlant des décisions qu'il a prises ou influencées. La façon dont un cadre s'acquitte de sa tâche a des rejaillissements indéniables sur la manière dont ses subordonnés exécutent la leur.

Au Québec, où la plupart des écoles publiques notamment font face à un grave problème d'indiscipline, il faudrait confier aux directeurs et aux enseignants plus de latitude dans la gestion de la chose scolaire. Les directeurs doivent avoir la marge de manœuvre nécessaire à l'obtention d'une discipline indispensable à une amélioration de l'enseignement. Les professeurs doivent pouvoir compter absolument sur l'appui des directeurs pour avoir le temps d'enseigner. La vocation première de l'école est de fournir des connaissances. À travers elles, l'institution scolaire poursuit son objectif de socialisation : le savoir n'est pas neutre. Dans un contexte de scolarisation obligatoire, ne pas pouvoir fonctionner dans des conditions optimales, alors que les coûts sont déjà énormes, constitue une perte considérable.

# IX
## La discipline

La discipline — somme de règlements destinés à assurer la bonne marche de l'institution scolaire — concerne tous ceux qui travaillent à l'école : administrateurs, professeurs, élèves. Les uns l'appliquent, les autres la subissent. D'un côté comme de l'autre, ce n'est rien de réjouissant.

Dans une salle de classe, la discipline résulte d'un sentiment de respect et d'obéissance qu'inspire le professeur. Au secondaire, il arrive que même les maîtres les plus qualifiés, les plus anciens comme les plus grands de taille peuvent éprouver de la difficulté à maintenir la discipline en classe. Pour l'imposer, il faut « des qualités de cœur, d'esprit et surtout de caractère ».

Nul ne saurait penser faire carrière dans l'enseignement secondaire, sans avoir à user, un jour ou l'autre, de son autorité. C'est ce que l'on appelle, dans le langage du métier, « faire le gendarme ». À un moment quelconque, il y aura toujours un adolescent qui, pour une raison ou pour une autre, voudra mettre à l'épreuve la patience du professeur. Cela se passe, souvent, de façon inévitable, dans les trois ou quatre premières semaines de classe. C'est ce que les jeunes appellent « essayer le prof ». À ce moment précis, la confrontation est décisive ; il en découlera une bonne ou une mauvaise année pour les élèves, pour le maître aussi.

Que faire dans ces circonstances ? En premier lieu, garder le calme ; car il est contagieux et déroutant. L'élève, sentira intuitivement qu'il est en présence d'un être en pleine possession de ses moyens, d'un professionnel qui ne s'emballe pas et qui en a vu d'autres. Ces premiers conflits doivent absolument être résolus à la satisfaction du professeur ; le frondeur devrait désarmer sans amertume et sans être humilié ; surtout sans être ironisé, car cela risque de l'égratigner, compromettant ainsi les relations entre le professeur et lui. L'enseignant, pour inciter l'élève à s'instruire, a besoin de sa confiance.

Si, par une maladresse quelconque, le premier conflit se résout aux dépens du professeur, il peut arriver que le rapport de force de trente contre un devienne une réalité affolante pour le professeur. C'est tragique quand, dans une salle de classe, le maître n'est plus le maître. De nombreux enseignants fournis en théorie ont trébuché en classe et sont devenus un objet d'ironie pour des élèves. Cet âge est, quelquefois, sans pitié.

Pour en imposer à des adolescents, il faut savoir, savoir faire, aimer ce que l'on fait et les respecter. Aujourd'hui, la distance culturelle entre le professeur et l'élève s'est considérablement rapetissée à cause des moyens d'information multiples et rapides tels la radio, la télévision, le cinéma, l'autoroute électronique, etc. Le professeur à jour et bien préparé dégagera une sorte de confiance qui rassurera les adolescents. Ces derniers auront alors le sentiment d'être en face d'un adulte qui les protège et qui veut qu'ils mûrissent.

Au risque de s'aliéner, au départ, la sympathie du groupe, le professeur, au début d'une année scolaire, fera tout, quand cela s'impose, pour maintenir la discipline dans sa classe. Après, il aura suffisamment de temps pour se faire estimer des uns et des autres. Toutefois, s'il perd la face si tôt, le reste de l'année est compromis, pour les élèves d'abord qui ne voudront rien faire ou très peu ; pour le professeur, ensuite, qui arrivera toujours « à reculons » dans cette galère. En vue d'éviter de telles situations, le maître, durant les premières semaines de l'année, doit penser autant à la pédagogie qu'à la discipline qu'il est d'ailleurs illusoire de vouloir dissocier. Recevoir un enseignement dans un climat serein est un droit collectif des élèves que le professeur a la responsabilité de sauvegarder.

Une école, comme toute autre institution, a besoin de soigner son image. Or, le critère d'évaluation auquel se réfère généralement le public, c'est la discipline. Aucun parent ne voudra, s'il en a le choix, placer son enfant dans un établissement où le bon ordre vacille. Le jeune qui aura grandi dans un tel environnement pourrait s'enkyster dans des comportements que, plus tard, la société condamnera. On ne forme pas des adultes dans l'anarchie. D'ailleurs que peut-on apprendre quand l'ambiance ne s'y prête pas ?

Le début de l'année scolaire est, sans aucun doute, le meilleur moment pour instaurer une discipline de classe. Durant cette période, les élèves sont, en général, malléables. Ils observent le nouvel environnement ; l'unité de la classe n'est guère constituée ; les fortes têtes sentent intuitivement qu'elles n'auront pas de si tôt l'appui du groupe, bref, que ce n'est pas le moment de « faire le fou ».

À ce moment, le professeur doit recourir à toutes ses connaissances en psychologie de l'adolescent pour asseoir et consolider la discipline. De plus, rares sont les administrations, si molles soient-elles, qui penchent du côté de l'élève lors du premier incident. Aussi, c'est le moment de prévenir et de résoudre les problèmes que le professeur aura décelés. Il y a des jeunes dont les antécédents sont malheureusement si chargés qu'il est fort pénible sinon impossible de les apprivoiser dans le cadre d'une salle de classe. Il faudrait endiguer leurs élans ou les orienter vers des professeurs spécialisés.

Toutes les ressources pédagogiques, disciplinaires et administratives doivent être mises à contribution pour rétablir la situation très tôt. Sinon, c'en est fait. Convaincus de l'impunité, ces trublions deviendront très vite maîtres des lieux. Peu après, d'autres groupes les imiteront, car l'indiscipline est contagieuse et se répand comme une traînée de poudre dans un établissement scolaire. L'appui de la direction est indispensable, à ce moment de l'année, plus que jamais. Il y va de la formation d'une promotion, de la quiétude des professeurs et des directeurs, de la réputation et du prestige de l'établissement.

Certes, il y a des préalables matériels, physiques, susceptibles d'aider à maintenir la discipline dans une salle de classe. L'organisation spatiale, entre autres, en est un. Il va de soi que si les lieux sont bien tenus (propreté impeccable, pupitres bien rangés), ils inspirent de prime abord une ligne de conduite. Le tableau aussi doit être bien effacé : sinon, il distrait et sert de prétexte à des réflexions inopportunes. Un dessin, des propos grivois ou hilarants inscrits sur le tableau risquent de faire partir sur un mauvais pied un professeur inexpérimenté ou sans autorité.

Certains professeurs s'offusquent que des collègues leur laissent des tableaux chargés à effacer. Ils ont peut-être raison, le temps de le faire, le dos tourné, tout peut arriver. Par exemple, quelques dissipés peuvent bien s'amuser à lire ou à commenter, à haute voix, ce qui est écrit, juste pour porter l'enseignant à réagir. Ils savent que plus le professeur les reprend, plus son autorité s'amenuise et s'use. L'utilisation fréquente de l'autorité la banalise.

De plus, lorsque l'élève pénètre dans la classe, il s'attend à une certaine verticalité de ses rapports avec le maître. Déjà la configuration des lieux le prédispose à un certain type de relation. La chaire du professeur, surélevée parfois, insinue la distance et l'autorité dans cet espace commun que partagent maître et élèves. Cet environnement physique détermine, sans doute, dans une certaine mesure, le comportement en classe.

En raison de la distance à la fois physique et culturelle établie par ce partage du territoire qu'est la salle de classe, aucun professeur inconnu n'a d'emblée la sympathie des élèves. Toute autorité est à première vue répulsive ou faussement attractive. C'est au professeur de conquérir ses élèves. Tout dépendra de sa compétence, de son autorité, du type de relation qu'il aura tissée avec eux.

Le professeur, de son côté, en entrant dans la salle de classe la première fois, ne sait pas encore à quel genre de groupe il aura affaire. Quelle que soit sa grandeur d'âme, l'enseignant porte en lui, inconsciemment, cette idée que les élèves, en principe, ne sont pas sages. Même que d'aucuns définissent la classe comme « une réunion de petits drôles dont le désir est de s'amuser aux dépens du maître ». Une telle conception doit être rejetée systématiquement, pour ne pas obstruer, dans l'âme, la fluidité de cette dévotion si nécessaire à la relation entre maître et élèves.

Bref, dans ce métier, chaque année, la valeur de l'enseignant est remise en question. Rien n'y est définitivement acquis. Il devra négocier un rapport d'autorité, afin de faire admettre, sans sourciller, la discipline, condition *sine qua non* de l'efficacité de l'enseignement. C'est d'ailleurs ce que souligne Côté dans *La discipline scolaire* lorsqu'il écrit que « sans un minimum de contrôle et d'ordre, les meilleurs efforts d'un enseignant sont illusoires ».

# X
## La classe au quotidien

Le professeur se préoccupera de susciter, par tous les moyens, l'intérêt des élèves. La préparation minutieuse de ses cours, la méthode employée, la qualité de son discours devraient contribuer à capter l'attention. Dans l'enseignement, la nouveauté, par exemple, crée la curiosité. Demeurer trop longtemps dans le même domaine finit par lasser les élèves. Cela est tout à fait humain, puisque le savoir dispensé par l'école n'a pas toujours une application immédiate dans la vie réelle. Souvent une matière qui enthousiasmait au début sombre dans l'indifférence, pour ne pas dire suscite la somnolence des uns et des autres. Pour renouveler l'attention, souvent, il suffit de peu : juste abréger les explications ou passer à une notion nouvelle.

Toutefois, rien ne garantit que le professeur aura l'attention de ses élèves. Celle-ci dépend de certains facteurs comme l'heure à laquelle le cours est donné, la compétence du maître, l'intérêt de l'enseigné. De là, la précarité de ce métier. L'intérêt de l'élève peut être à mille lieues de la matière enseignée. Néanmoins, celui qui a choisi cette carrière doit accepter de relever le défi.

L'attention impose un effort certain, ce qui est une dépense de soi. À cela s'ajoutent les contraintes de l'institution elle-même. Ce n'est pas sans raison que les meilleurs et les pires élèves se confondent dans la même joie au moment de terminer la classe ou l'année scolaire. Le travail intellectuel ne réjouit qu'une minorité d'élèves qu'anime la passion du savoir. Eux aussi éprouvent du mal à prêter un intérêt soutenu à la connaissance. Mais leur effort est compensé par l'amour de la discipline qui leur est enseignée et le désir de faire mieux que les autres.

Le contact du professeur avec les élèves doit être constant en classe. Par le regard, entre autres, il peut solliciter leur attention. Pour utiliser pleinement ce moyen, l'enseignant évitera de se servir d'un manuel ou de notes de cours. Ces intermédiaires gênants sont un obstacle à la communication.

Un coup d'œil semi-circulaire du professeur lui permet d'observer les visages, de juger s'il est nécessaire de clarifier certaines notions ou de les répéter. Il arrive quelquefois que l'œil du professeur et toute sa personnalité traduisent un enthousiasme irradiant.

Les gestes du maître doivent être mesurés ; ils peuvent contribuer, comme dans toute commu-

104

nication, à compléter le sens d'une expression ou d'une explication. Cependant, durant le cours, les gestes trop nombreux des mains, les tics physiques ou verbaux susceptibles de distraire la classe ou quelques-uns sont à éviter soigneusement.

S'adresser à une salle de classe est une entreprise délicate ; il faut rarement se permettre d'y improviser. Les jeunes, en général, attendent beaucoup de leurs professeurs. Il faut capter leur intérêt par le discours, les faire travailler, sans quoi, ils sombreront dans une sorte d'oisiveté qui mènera tout droit à l'indiscipline.

Cette oisiveté, dans une salle de classe, conduit au bavardage quelquefois intempestif, au vandalisme, à la chamaillerie, à l'irrespect. Quelque paresseux ou fainéant que soit un élève, il s'attend toujours à travailler en classe. Aussi, quand on choisit, pour une raison quelconque, d'adopter une méthode qui laisse à l'élève le sentiment d'une très grande liberté d'agir, il faut absolument le lui expliquer. Une mauvaise interprétation du procédé peut engendrer le mécontentement du jeune qui sait qu'il vient à l'école pour travailler et non pour jouer ou musarder. Même qu'il importe que les directeurs soient informés de façon formelle ou non de la pédagogie curative que le maître aura choisie dans la circonstance.

Néanmoins, lorsque tout est bien compris par les élèves, le climat peut changer pour le mieux. Tout éducateur qui se fait comprendre s'impose. Naturellement, avoir recours à de tels procédés ne peut être que provisoire et ne convient que le temps de redresser une situation d'indiscipline.

On peut obtenir beaucoup des élèves sans les forcer. Si l'on veut les faire avancer, il faut les amener à accepter spontanément la discipline. Imposée, elle demeure fragile et crée une tension intolérable tant pour les élèves que pour le professeur. Par nature, les adolescents sont rebelles et veulent avoir le sentiment d'être libres. Il importe de leur faire comprendre que personne ne l'est à la vérité. Les contraintes jalonnent l'existence, même des choses de la nature. Ainsi, « la rive limite le fleuve et l'empêche de se perdre. La rive est la chance du fleuve » (A. de Willebois). La discipline, la chance de l'homme. Le travail intellectuel, dans l'ordre, engendre la passion de connaître ; celui qui la porte en lui ne mesure pas l'effort.

La classe doit être le lieu où le silence règne pour faciliter la réflexion et le travail. Elle n'est pas un atelier où l'on s'adonne à la fabrication ou à la construction d'objets ; elle n'est pas non plus un laboratoire, dont elle se distingue d'ailleurs par son architecture. Certes, il se peut que, dans certaines circonstances, elle se transforme pour des travaux en équipe. Mais, à ce moment-là, les règles de fonctionnement interne de chaque équipe doivent être indiquées à l'avance et être bien comprises pour que chaque élève puisse travailler fructueusement.

Cela ne sert à rien de fractionner la classe en équipes si chaque élève n'a pas à faire quelque chose de bien précis. Sans cela, le chahut prend le dessus et rend stérile la démarche pédagogique entreprise. Dans une salle de classe, on apprend à saisir des nuances, à ordonner sa pensée, à penser. Autant de choses qui demandent attention et concentration. Pour exiger le silence, il importe que les élèves aient du travail et en comprennent le sens et l'utilité. Sinon, le professeur s'époumone à lancer des rappels à l'ordre incessants.

Le professeur, dans ce cas, met en jeu son prestige. Celui-ci s'acquiert, mais jamais ne se reconquiert. C'est pourquoi toutes les décisions prises par l'enseignant doivent être minutieusement calculées : on ne change pas sans raison valable la structure d'une salle de classe ni les habitudes déjà cristallisées des élèves. Des maîtres ayant bien commencé une année scolaire ont dû parfois recourir à des moyens extrêmes pour rétablir la discipline : expulser un élève de classe, ou l'expédier au directeur. De telles attitudes sont des signes de débordement. Loin d'enseigner la discipline, elles n'inspirent que la peur.

Lorsque le silence s'instaure comme une chose acquise dans la salle de classe, la tâche se simplifie tant pour les élèves avides de savoir que pour les professeurs avides d'enseigner. L'effort s'accroît de part et d'autre pour un rendement plus grand de l'acte pédagogique. Il se crée, à ce moment-là, un climat de travail authentique. Moins le professeur a de problèmes, plus il a le temps d'instruire les jeunes.

Le professeur se souciera de protéger la bonne ambiance, de la conserver pour le bien de tous. Il n'est guère nécessaire, en classe, d'élever la voix, de troubler, par l'impatience ou la colère, l'atmosphère ou la relation avec le groupe à cause de quelques dissipés. L'autorité étant implicitement acceptée par la majorité, le professeur utilisera plutôt un geste, un regard pour se faire comprendre de ceux qui tenteront de perturber de temps à autre la sérénité de la salle de classe. Une réprimande verbale et à haute voix devient inutile et peut engendrer le ressentiment de l'élève à l'égard du maître, même le refus de la matière qu'il enseigne.

Un regard réprobateur ou un visage quelque peu déçu suffit souvent à porter l'élève à rectifier sa conduite. Il connaît son professeur et sait très bien quel comportement convient ou non. Dans une classe où règne le silence, un signal non verbal permet de ne pas déranger les autres. L'habitude du silence est précieuse : il faut la conserver à tout prix, après avoir bien pris soin d'en expliquer le bien-fondé. Le silence crée un vide ; en classe, c'est par un exercice ou un enseignement qu'il convient de le combler.

S'attendre à ce que tous les élèves d'une classe soient toujours muets comme des carpes serait irréaliste. Le jeune, en classe, joue un rôle parmi d'autres : il peut être un fils ou une fille en situation conflictuelle avec ses parents, par exemple. Dans ce cas, son comportement à l'école pourrait refléter ses difficultés existentielles. Le professeur usera de son jugement pour réagir. Il n'est pas toujours efficace d'intervenir selon une règle établie pour tous : chaque élève peut avoir à obéir à des impératifs différents.

Une classe, c'est un regroupement d'hommes et de femmes en devenir. Il faut à chacun un traitement à sa mesure. Les élèves le comprennent, car ils ont le bon sens, « la chose du monde la mieux partagée » (Descartes), et ont, eux aussi, le profil du maître. Il serait ridicule d'interdire à un élève sérieux de s'adresser à voix basse à un autre durant un cours. Le fait de baisser la voix confirme son sens de la discipline. Toutefois, s'il s'agit d'un élève plus agité, plus audacieux, capable de s'arroger d'autres droits, il faudra réagir sur-le-champ et calmement. Tout enseignant devrait avoir à sa disposition une gamme variée de sanctions afin de ramener un élève dissipé à de meilleures intentions.

Si le professeur, en colère, applique la peine ultime de son répertoire sans être obéi, son autorité s'effondre. Certains jeunes ont tendance à s'amuser des emportements des adultes ; d'autres paniquent. Au moindre écart d'un condisciple, les élèves, toujours attentifs aux moindres faits et gestes du professeur, observent ce dernier pour voir comment il va trancher. L'architecture même des lieux ordonne une solidarité aux élèves, regroupés tous du même côté. Compter sur un élève contre un autre peut être un fort mauvais calcul. Une classe est une entité distincte d'un individu. Y appartenir, c'est renoncer à sa personnalité propre pour emprunter celle du groupe.

En dépit de la solidarité qui lie, en général, les élèves, lorsqu'un turbulent trouble l'atmosphère de la classe en affrontant le professeur, les autres attendent toujours de celui-ci qu'il sauvegarde leur droit d'apprendre dans un climat serein. C'est là une contradiction, une sorte d'équation difficile à résoudre pour tous ceux qui sont appelés à diriger une classe.

Une forte tête qui perturbe l'ambiance doit être prise au sérieux par qui veut faire progresser ses élèves, garder le contrôle et, mieux, protéger son sommeil. Il devra recourir à son autorité matérielle, c'est-à-dire à des sanctions. Pour accomplir consciencieusement sa tâche, l'enseignant doit rester maître de sa classe.

Toute sanction doit viser la faute, non la personne. Cette distinction est capitale. Le but de la sanction est de socialiser le jeune sans atteindre sa dignité, sans le diminuer. Il s'agit de le rendre responsable. Pour cette raison, toute réaction précipitée et mal calculée à l'avance est à éviter. En éducation, on ne peut pas improviser. Quand l'enseignant ne trouve pas le pensum approprié à un comportement, il vaut mieux différer toute sanction pour se donner un temps de réflexion et bâtir une stratégie.

Il faut aider l'élève à consolider sa dignité et sa fierté. Pour cela, il est nécessaire de garder son calme. Car l'enseignant qui s'énerve et pique une crise amuse ses élèves. Hors de lui-même, il devient un pantin à la merci de quelques malicieux qui pourraient lui tirer les ficelles en se concertant.

L'idéal serait que toute sanction ait une valeur de rééducation. Céder à la force n'est pas un acte de complaisance, mais de soumission. L'application d'une sanction est une forme d'agressivité du système menacé dans ses valeurs. Dans la relation entre maître et élèves, c'est l'indice de l'échec du dialogue ; c'est un aveu d'impuissance. Bien des situations se présentent dans une salle de classe où il est difficile d'appliquer une sanction. Certains élèves particulièrement malins se tiennent à la limite des règlements ou des règles de conduite ; ils frisent une indiscipline à peine perceptible. Par surcroît, conscients de l'ambiguïté de leur attitude, ils sont toujours prêts à discuter pour faire valoir l'innocuité de leur comportement. De tels jeunes peuvent tout entreprendre pour se faire passer pour des victimes. Même qu'ils tenteront de s'associer des parents laxistes dans leur protestation. Inutile d'entamer quelque discussion que ce soit avec de tels élèves, surtout en présence du groupe. On court le risque, dans ce cas, de se faire « niaiser ». Il est préférable de fixer un rendez-vous à chacun des trouble-fête afin de leur faire comprendre pourquoi leur comportement mérite d'être sanctionné. Sorti du groupe, l'élève retrouve sa personnalité propre et devient plus malléable, plus raisonnable.

Face à ces élèves, il faut redoubler de vigilance et bien penser ses réactions, surtout s'il s'agit d'un jeune professeur. Si l'élève arrive à établir qu'il est victime d'une injustice flagrante, les parents monteront le ton et la direction baissera pavillon. Il y a des causes qui ne sont pas défendables dans un établissement scolaire. Il faut éviter d'y être associé.

Si le professeur ne semble pas avoir raison d'agir comme il l'a fait, il risque la désapprobation de l'administration. Cela peut aller jusqu'à des excuses à présenter aux parents. Un enseignant devrait tout faire pour ne pas se trouver dans une telle impasse. Car l'élève, triomphant, pour diminuer l'image du maître, racontera le tout, avec orgueil, à ses condisciples. De telles actions entraînent des conséquences irréparables ; elles retentissent dans toute l'école. Il faut alors s'attendre à terminer l'année dans une atmosphère de discipline tout à fait précaire, de turbulence même et de chahut. Curieusement, dans les classes indisciplinées, les dormeurs sont rares.

# XI
## DES ÉCARTS IRRITANTS

**Dormir en classe**

Quand un professeur enseigne et qu'un élève dort, l'ego du maître reçoit un rude coup. Le cours lui a valu des heures de préparation ; la matière qu'il enseigne finit par le passionner, il rêve, comme on dit dans le langage du métier, de faire reculer les frontières de l'ignorance. Et voilà qu'un élève lui notifie, par son sommeil, l'insignifiance de son discours. Il y a, à la vérité, de quoi être déçu ou découragé. Au contraire, ni l'une ni l'autre attitude ne doit prévaloir.

De multiples causes peuvent être à l'origine du sommeil irrésistible qui a fini par emporter le jeune. Dans un pays au climat si rigoureux, il est possible que l'élève soit en train de lutter contre une méchante grippe, qu'il ait passé une très mauvaise nuit, dérangé par une toux persistante. Peut-être a-t-il absorbé un de ces nombreux médicaments, prescrits ou non par le médecin, qui provoquent la somnolence.

Dans un autre cas, il se peut que l'élève ait eu à faire face à des problèmes familiaux. Même que chez les adolescents de quinze ou seize ans, nombreux sont ceux qui travaillent le soir pour gagner un peu d'argent, à l'invitation ou avec l'assentiment des parents. On comprend aisément que ceux-là ne puissent résister au sommeil, surtout s'ils se disent qu'ils auront le temps de revoir, la veille de l'examen, les explications qui leur ont échappé en sommeillant.

Bref, le sommeil est un impératif physiologique. En soi, il ne mérite pas d'être sanctionné. Pourtant il est interdit en classe. Par convenance, d'abord, car ce n'est ni le lieu ni le moment de dormir. Ensuite, somnoler, durant un cours, peut être dû à d'autres facteurs tels le refus de travailler ou un désintérêt pour la matière enseignée. Le jeune doit apprendre très tôt à se présenter frais et dispos à son cours, comme il devra le faire à son bureau ou à l'usine plus tard. Cela fait partie de la formation à recevoir comme prévu par le système.

Il importe, certes, de réagir avant que le nombre de dormeurs n'atteigne un seuil critique, ce qui pourrait scandaliser quelques élèves, les directeurs, les parents. La réaction ne devra être jamais émotive ; elle sera expliquée à l'élève qui comprendra, s'il est de bonne volonté. L'idéal, c'est d'expliciter, au seuil de l'année, l'inconvenance d'un tel comportement. En dépit de tout, souvent, l'inévitable arrive. Il n'en demeure pas moins que, dans une telle conjoncture, le professeur s'interrogera sur l'ensemble de sa méthode et de son enseignement. Ce métier exige beaucoup de remises en question, d'humilité même.

## L'impolitesse

L'éducation, c'est connu, commence au berceau. Ainsi, l'école ne fait que prendre le relais de l'éducation commencée dans la famille. À l'ère de la démocratisation de l'enseignement, elle a pour devoir de suppléer à certaines carences, en inculquant à tous les élèves la politesse si nécessaire au bon fonctionnement du corps social. Cela permettra aux jeunes de s'épanouir dans un climat de respect et d'harmonie.

Les maîtres et les administrateurs ont grandement intérêt à faire en sorte que les règles élémentaires du savoir-vivre soient strictement appliquées dans leur établissement. Carolle Simard s'élève contre l'impolitesse de nombreux jeunes, en donnant tort aux parents d'abord, mais aussi à l'école qui, selon elle, « n'est pas au-dessus de tout soupçon ».

Au secondaire, le professeur ne devrait jamais admettre l'impolitesse en classe. S'il se montre conciliant à cet égard, il risque d'entendre les pires insanités et les jurons les plus choquants. Les directeurs des élèves (généralement chargés de la discipline) devraient afficher une nette inflexibilité dans ce sens. La moindre faiblesse peut nuire à la réputation de l'établissement et inviter tacitement d'autres élèves à rejoindre les frondeurs.

L'impolitesse en classe se présente sous différentes formes. Dans bien des cas, il est possible de la prévenir dès le début de la relation entre le maître et les élèves. Au premier contact, le professeur expliquera gentiment à ses nouveaux élèves qu'il tient particulièrement à certaines manières de dire et de faire dans la salle de classe. Puis, il leur servira de modèle. Bien sûr, il importe que la politesse de l'enseignant engage le fond. Les élèves peuvent mesurer, souvent avec une étonnante exactitude, le degré de maturité, d'humanité, de civilité du maître.

L'enseignant veillera scrupuleusement à éviter d'utiliser des jeux de mots en classe pour réprimander l'élève. Celui-ci peut ne pas prendre l'intervention au sérieux, car elle pourrait lui paraître ambiguë. Souvent même, ce sera une invitation à rééditer les mêmes propos ou le même comportement. Avec les adolescents, il faut être clair, sinon ils jouent sur les nuances.

Les jeux de mots qui diminuent, blessent ou font rire de l'élève, sont à proscrire. Absolument. L'élève rabaissé conserve au fond de lui-même une rancœur, du moins un malaise qu'il pardonne difficilement au maître. Cela est tout à fait humain. Nul n'entend être la risée des autres, même si les apparences n'en disent rien. Somme toute, selon Freud, « il n'y a pas de hasard dans le calembour et la plaisanterie ; à un niveau profond,

116

ce n'est pas une plaisanterie, mais l'expression dissimulée de ce qu'il y a de plus sérieux ».

## Ponctualité

Dans les sociétés organisées, la ponctualité est l'indice d'une certaine socialisation. C'est une règle de conduite qui harmonise les rapports sociaux. La ponctualité s'inscrit dans la discipline globale de l'institution scolaire. À des heures précises, les maîtres sont en chaire ; les élèves, en classe ; les administrateurs, au bureau.

Durant toute sa scolarité, l'école renforcera le sens de la ponctualité chez l'adolescent. Il existe des sanctions pour celui qui se présente en retard en classe ou pour celui qui remet tardivement ses travaux. L'objectif poursuivi à travers ces punitions, c'est, entre autres, de préparer la nation à transiger avec sérieux.

Dans certains établissements, c'est la direction qui assume la responsabilité de la sanction. Cela est bien ainsi, puisque dans le cas du retard en classe, le professeur pourrait être interrompu continuellement durant le cours pour accueillir les retardataires. Le plus souvent, ceux-ci sont retenus en dehors de la salle de classe jusqu'au prochain cours. Une telle mesure cause, il est vrai, un préjudice à l'élève, obligé de copier les notes qu'il n'a pas eues ou de se faire expliquer par un copain les notions présentées en son absence. À cela s'ajoute le risque d'échouer au prochain examen. Quant au professeur, lui aussi aura subi un préjudice. Il devra, à un moment donné, combler les lacunes des retardataires afin de s'assurer qu'il peut avancer sûrement avec eux.

Bien entendu, dans les établissements où il est loisible de frapper à la porte et de rentrer, le professeur est dérangé dans son enseignement et les élèves, déconcentrés. Il peut même arriver que quelques étourdis en profitent pour glisser des réflexions inopportunes. Dans une telle circonstance, le mieux est de discuter avec le directeur des élèves des mesures possibles. Là encore, il n'y a pas de recette applicable à tous les cas. Tout dépend du milieu dans lequel s'insère l'école, de la clientèle de l'établissement, de la philosophie de l'éducation du directeur en question.

Quant au professeur, il a intérêt à se présenter en classe avant l'heure, pour pouvoir accueillir le groupe. Cette présence anticipée provoque quelques effets considérables sur les élèves. C'est une prise de possession des lieux que le maître effectue et qui a des retentissements sur la psychologie des jeunes et leur comportement. Dans l'inconscient de chacun, les lieux appartiennent au premier occupant.

Lorsqu'un professeur en relaye un autre en classe, il hérite inévitablement du climat dans lequel fonctionnait son prédécesseur. La transition se fait sans anicroche quand l'enseignant précédent a de l'autorité sur ses élèves. Cependant, quand il s'agit de prendre la relève d'un professeur laxiste ou trop sévère, l'excitation ou le défoulement ont tendance à déborder sur le suivant. Celui-ci devra, aussitôt, créer une nouvelle ambiance de travail. Le meilleur climat d'enseignement est fait d'ordre et de confiance.

L'enseignant a tout intérêt à se présenter quelque deux minutes avant la fin du cours de son prédécesseur. Celui-ci reçoit le signal de la fin prochaine de son enseignement. Il a pour devoir d'y mettre un terme pour permettre à son successeur de bénéficier de la planification de la « période de cours » qu'il a longuement préparé. Le respect du temps imparti à chacun doit être scrupuleusement observé. Dans le cas contraire, le professeur qui précède risque d'essuyer l'impolitesse de son successeur qui franchira le seuil de la classe pour s'y installer.

### Le copiage

Le copiage est un vice scolaire assez répandu au secondaire. Il est lié à la structure organisationnelle de l'école. Celle-ci célèbre la réussite et déshonore l'échec. L'image de l'élève qui obtient une bonne note est relevée aux yeux du maître, des condisciples aussi. De même, celle de l'adolescent qui échoue s'amoindrit. Dans ce contexte, rares sont ceux qui ne cèdent pas à la tentation du copiage. Celui-ci s'effectue à l'occasion des travaux préparés en dehors de la salle de classe, lors d'un test ou lors d'un examen.

Lorsque les travaux sont faits en dehors de la salle de classe, le tricheur se contente de reproduire les réponses trouvées par son condisciple plus calé. Dans un tel cas, il est difficile de sévir, puisqu'il s'agit d'aboutir au même résultat.

Ainsi ces travaux sont devenus presque inutiles. Et c'est dommage. Les élèves ne les prennent pas au sérieux ou ne leur accordent pas toute l'importance qu'ils devraient. Il est difficile de noter de tels travaux dont on ne sait qui en est véritablement l'auteur. De plus, dans la mentalité d'un très grand nombre d'élèves, le professeur ne devrait pas exiger des travaux qu'il ne corrigera pas. Il y a là une logique perverse qui prive les élèves des exercices nécessaires à la maîtrise des notions enseignées.

Au test ou à l'examen, la tentation de tricher demeure toujours très forte, puisqu'il s'agit d'avoir la meilleure note ou d'éviter les reproches de papa et de maman. Le copiage peut s'opérer de deux façons : soit en communiquant avec le voisin mieux préparé avec qui on s'entend bien, soit en utilisant frauduleusement un livre, des notes de cours, un document quelconque.

Le copiage peut être la source de problèmes sérieux tant pour l'élève qui a triché que pour le professeur qui l'a surpris. Mieux vaut le prévenir plutôt que de le constater. Toutefois, le professeur qui surprend un élève en train de tricher devrait penser à détenir la preuve de la fraude. Sans cela, il risque de faire face à une protestation d'innocence contre une accusation dite gratuite et déshonorante. Il suffit que l'élève fasse disparaître la preuve quelque part pour que le professeur soit dans l'embarras. Cela se présente d'autant plus couramment que le professeur a une distance à parcourir durant laquelle le document peut disparaître, se retrouver où il n'a pas le droit d'aller voir.

Le copiage, c'est connu, cause des préjudices considérables à la relation entre maître et élèves si importante dans le processus d'apprentissage. Il porte atteinte à la personnalité de l'élève aussi. Bref, quand la preuve est établie, et que l'élève ne peut rien contester, le professeur ne se contentera pas de la sanction prévue par les règlements. Il rencontrera l'élève, seul à seul, afin de lui expliquer la logique de la sanction et la gravité, au point de vue scolaire et social, de l'initiative malheureuse qu'il a prise. Le but d'un tel entretien est de rétablir la relation, remettre l'élève en confiance.

Souvent même, le copiage a des répercussions dans la famille. Il arrive couramment que le jeune dont les parents ont été avisés d'un copiage voie ses relations se détériorer avec ses père et mère. D'autres fois, il assiste plutôt à une aggravation de la mauvaise relation qui préexistait entre ses parents et lui. De tels élèves peuvent facilement décrocher ou perdre intérêt pour la matière qui est la source de leurs ennuis familiaux.

Tout compte fait, ce qui rend le copiage dangereux, c'est qu'il peut déborder sur la société. Or, celle-ci a confié à l'école un rôle bien défini : former des êtres intègres pour assurer la relève. Mais, comme par ironie, l'école reproduit les travers sociaux. Alors qu'on prêche la vertu à l'intérieur de ses murs, il reste qu'à l'extérieur la réalité est souvent bien différente. Et les jeunes qui ont accès à toutes les informations contradictoires fournies par les médias ne l'ignorent pas.

**Autres cas épineux**
En dehors du copiage, cas épineux par excellence, souvent se présentent, dans une salle de classe, d'autres situations très difficiles à démêler. Par exemple, un élève qui se mouche bruyamment avec l'intention subtile de déranger, celui qui rote délibérément, ou autre. Il est possible d'ignorer ces écarts de conduite, dans un premier temps. Néanmoins il faut y trouver une solution dans l'éventualité où ces inconduites se répéteraient. En général, le professeur qui a la maîtrise de son groupe règle cela assez facilement. Un coup d'œil interrogateur peut suffire à replacer les choses. Pourquoi interrogateur ? Tout simplement pour laisser à l'élève l'impression que l'on n'a pas bien saisi ce qui se passe, même si tout le monde a compris. Cela lui laisse une porte de sortie, et en même temps permet au maître de renouveler à tous sa vigilance active à l'égard de ce qui se passe en classe.

Si les choses sont telles que le professeur ne puisse pas jouer au sourd, il interviendra par une réprimande légère, laissant sous-entendre que des sanctions pourraient être appliquées la prochaine fois. Il est aussi possible, lorsque l'incartade est trop évidente, de démystifier la tentative en disant, par exemple, à l'élève que l'on peut se moucher moins fort ou qu'il devrait se rendre à l'infirmerie s'il est malade.

Pour tout dire, il n'y pas de recette magique applicable uniformément dans une salle de classe. Tout se ramène à une question de psychologie de groupe, de doigté et de sagesse. L'élève ne doit jamais se rendre compte que le professeur est pris au dépourvu. Les universités devraient insister beaucoup plus, au cours de la formation des maîtres, sur tous les comportements possibles et imaginables des élèves en classe.

L'étudiant en stage, assisté d'un professeur avisé, devrait pouvoir se faire une idée de l'atmosphère mouvementée d'une classe difficile. Sans quoi, diplômé, il franchit le seuil de l'établissement scolaire sans le savoir-faire nécessaire. Aussi, il se rendra très vite compte que, pour enseigner au secondaire, il faut avoir « des nerfs comme des câbles ». Moins rares qu'on le pense sont ceux qui, après un stage ou une première année d'enseignement, y renoncent pour toujours. Là aussi, il s'agit d'une forme de décrochage qui constitue une perte pour l'État qui a investi dans la formation de ces professionnels.

# CONCLUSION

Au Québec, c'est la langue maternelle — fondement de tout épanouissement intellectuel — le point névralgique de la crise de l'éducation. La majorité des élèves terminent leurs études secondaires sans même maîtriser l'orthographe, la grammaire, la composition française. Alarmées par l'état de la langue des candidats, les universités les soumettent à des tests d'admission dont les résultats déconcertent.

Pourtant, l'enseignement de la langue maternelle a un double rôle : maintenir et renforcer les traditions culturelles, doter les générations d'une langue de qualité. Y est-on parvenu ? Certes, dans une certaine mesure. Le milieu linguistique, dans son ensemble, a évolué depuis les années soixante ; la formation des jeunes s'est améliorée ; du point de vue lexical, l'apport du Québec au français a été considérable au cours des dernières décennies. Cependant, la démocratisation qui a fait croître les effectifs scolaires à un rythme vertigineux a quelque peu éclipsé les progrès réels accomplis en français.

Le nombre d'abandons, de décrocheurs, corrélatif à la fréquentation massive de l'école par des élèves venant de tous les horizons sociaux a donné l'illusion que tout allait mal aujourd'hui. On a complètement occulté le fait qu'avant la démocratisation l'école demeurait l'apanage des élites.

Croire qu'il y a eu détérioration de la langue est une illusion d'optique causée par la masse des scolarisés. À l'élite traditionnelle qui a toujours bien fait dans le système, il faut ajouter tous les merveilleux talents issus des milieux modestes que l'on appelle les boursiers, qui ont cheminé avec succès à travers le système et ont réussi socialement. Dire que l'école d'aujourd'hui est de moindre qualité que celle d'hier, c'est nier tout l'effort social, économique, politique, pédagogique, effectué depuis près de quarante ans. Il reste, pourtant, du chemin à parcourir, bien que les Québécois dans l'ensemble se soient rapprochés, comparativement aux générations précédentes, du « français international standard ».

Pour améliorer la langue, il n'est pas nécessaire d'appliquer la même méthode pour suivre le même programme. Tous les élèves n'ont pas la même capacité d'apprendre. D'ailleurs, quelques différences sociales, culturelles, émergent toujours. Cependant, un apprentissage identique assure à chaque élève la possibilité d'une mobilité, d'un transfert d'une école à une autre. En outre, cela facilite les contrôles, permet de construire plus aisément les examens officiels auxquels les élèves peuvent être soumis. Des études ont constaté qu'il y avait plus d'écoles médiocres dans les systèmes qui se passaient d'examen national pour couronner les études secondaires. La maîtrise de la langue devrait être la condition *sine qua non* de l'obtention du diplôme d'études secondaires et un atout qui confère la priorité à l'embauche.

La méthode d'enseignement du français pourrait être laissée à l'initiative du maître, dans la mesure, bien sûr, où sa formation est appropriée. Car le blocage de l'enfant peut provenir de la pédagogie, résulter de l'inadaptation de sa personnalité à la méthode imposée. Seul le maître face à ses élèves est à même de déterminer les meilleurs moyens de les initier au savoir.

La méthode traditionnelle, si elle enseigne la science toute faite, permet d'économiser le temps. Il n'est pas nécessaire que l'humanité reprenne le chemin du savoir en chacun. La somme des connaissances actuelles ne le permet pas. On peut apprendre vite et bien par la médiation d'autrui. Ce qui distingue les méthodes actives des méthodes traditionnelles, c'est une participation dynamique à la construction du savoir.

Du reste, des études effectuées aux États-Unis et en Grande-Bretagne ont prouvé que les résultats scolaires étaient les mêmes que soient appliquées les méthodes traditionnelles ou les méthodes actives. Rappelons en passant que Montessori, Decroly, Claparède, sont des médecins. Quant à Freinet, il avouera que ses problèmes respiratoires l'ont déterminé à renoncer à la leçon traditionnelle.

C'est au maître de susciter la motivation de ses élèves selon les moyens dont il dispose et les conditions dans lesquelles il fonctionne. Il est périlleux de prédéterminer la méthode ou de l'imposer sans savoir à qui elle se destine. Peu d'enfants ont une motivation spontanée d'apprendre ; la plupart répondent à des stimulants externes tels que la perspective de la réussite sociale, plaire aux parents, au professeur, etc.

Aussi, faut-il accroître l'efficacité des maîtres au secondaire par une meilleure formation universitaire. L'élève pourra ainsi gagner au contact de l'enseignant pourvu d'une culture générale et rompu à différentes méthodes pédagogiques.

Il reste, en outre, que le professeur compétent a plus de chances de bien mener la barque. Il instaurera dans sa classe un climat de respect entre lui et ses élèves ainsi qu'une cohésion à l'intérieur du groupe. Il évitera de faire naître des conflits toujours difficiles à résoudre. Des recherches faites aux États-Unis ont établi depuis fort longtemps que les meilleurs enseignants ne sont guère ceux qui parviennent à résoudre les problèmes, mais ceux qui les préviennent.

Dans le contexte de la démocratisation de l'enseignement, le maître jouera un rôle majeur d'éveilleur de talents ; sa compétence, son dévouement, sa passion de la matière communiqueront à l'élève le goût de la culture afin qu'il accède « à la plénitude de l'humanité » (I. Illich). _et la culture_

L'éducation, c'est la fortune des peuples ; plus ils en ont, mieux ils se portent. C'est d'ailleurs le seul capital à l'abri des crises cycliques de l'économie qui appauvrissent tant de gens ou entraînent tant de désespoir de nos jours. Au contraire, l'éducation permet plus sûrement à une nation de sortir de l'impasse, par la qualité de la réflexion collective.

Depuis la fin de la seconde guerre mondiale, l'éducation a plutôt joué un rôle économique, ce qui a permis de tout mettre au service de la technologie. Celle-ci a exercé et exerce de plus en plus des pressions énormes sur l'école qui devra concilier désormais les instruments technologiques et les valeurs durables qui régénèrent l'homme. L'école a le devoir de faciliter l'adaptation de l'homme à la société, elle a aussi pour tâche de « permettre à l'homme d'humaniser la société ».

Si l'on s'en remet au rythme des innovations et à leur rôle dans le développement des sociétés modernes, la production est appelée à s'accroître quantitativement et qualitativement aux dépens de l'emploi, mais au profit de l'entreprise. Qu'arrivera-t-il si la tendance se confirme ? Probablement une crise plus aiguë. Il est impérieux de sortir de ce cercle vicieux. Dans ce contexte, le rôle de l'école apparaît capital pour l'avenir.

Durant les dix dernières décennies, l'éducation a notamment exercé une fonction de restructuration ou de déstructuration sociale. Elle a permis d'instituer le règne du mérite fondé sur la qualification. Malheureusement, toutefois, la formation humaine, l'éthique, ont été quelque peu négligées. Tout cela a contribué à assombrir le décor. À ce point de vue, la tenue des états généraux de l'éducation représente une lueur d'espoir.

Il est réconfortant de constater l'enthousiasme suscité par ces états généraux. La multiplicité et la diversité des intervenants en témoignent. Nous gardons donc la conviction intime qu'il ne s'agit guère là d'une diversion pour conjurer la crise. Cependant, il serait bon de souligner que les intérêts contradictoires qui s'y affrontent et le poids des groupes de pression constituent un facteur à ne pas minimiser, quand il s'agit de débats publics aussi médiatisés que ceux-là. Chacun y va défendre son os : les commissions scolaires, les syndicats, le patronat, etc.

Il demeure, cependant, que la décision ultime de la réforme appartiendra aux hommes d'État, qui ordinairement arbitrent les priorités en fonction des intérêts de leur parti. Il faut craindre que ces responsables politiques, tenant compte de l'électorat, ne tranchent en faveur de l'école publique par exemple en occultant, entre autres, la qualité de l'école privée. Il faut un fort courage, dans la conjoncture actuelle, pour sortir de la crise et éclairer l'avenir.

Il existe un nombre impressionnant de problèmes théoriques et pratiques à résoudre en éducation au Québec. La participation de tous — y compris des entreprises — à la recherche d'une solution apparaît absolument nécessaire. Ne serait-ce que pour faciliter l'intégration des jeunes diplômés au marché de l'emploi. Il y a un prix à payer, par une nation, « pour assumer son avenir, pour ne pas le sacrifier aux exigences plus immédiates et plus visibles du présent » (Association internationale des universités). L'école d'aujourd'hui doit s'ouvrir aux nouveautés, mais elle doit être critique et développer le sens de l'humain.

À l'aube du vingt et unième siècle, à un moment où tout change à une vitesse effarante, réformer, améliorer le système d'éducation est un impératif. Une refonte appropriée des programmes, une formation adéquate des maîtres, une meilleure gestion des écoles, une discipline plus stricte des élèves, autoriseraient tous les espoirs. Ainsi, l'école québécoise deviendra ce creuset où se forgera avec dignité une jeunesse fière, ingénieuse, capable de relever tous les défis.

# Repères bibliographiques

ANDERSON, L. W., *Accroître l'efficacité des enseignants*, Paris, Unesco, 1992.

CAJOLET-LAGANIÈRE, H. et P. MARTEL, *La qualité de la langue au Québec*, Québec, Institut québécois de recherche sur la culture, 1995.

CHANEL, É., *Pédagogie et éducateurs socialistes*, Paris, Centurion, 1975.

CHARLOT, B., *L'école en mutation*, Paris, Payot, 1987.

COMBAZ, C., *Les sabots d'Émile*, Paris, Robert Laffont, 1989.

CÔTÉ, C., *La discipline en classe et à l'école*, Montréal, Guérin, 1992.

CÔTÉ, R., *La discipline scolaire*, Ottawa, Agence d'Arc, 1989.

HADJI, C., *L'évaluation*, Paris, ESF, 1989.

HALLAK, J., *Investir dans l'avenir*, Paris, L'Harmattan, 1990.

MINISTÈRE DE L'ÉDUCATION, *Chacun ses devoirs*, Québec, 1992.

MORIN, E., *Pour sortir du vingtième siècle*, Paris, Nathan, 1981.

OLIVIER, C., *Les fils d'Oreste ou la question du père*, Paris, Flammarion, 1994.

PIÉRON, H., *Examens et docimologie*, Paris, PUF, 1967.

PLOURDE, M., *La politique linguistique du Québec*, Québec, Institut québécois de recherche sur la culture, 1988.

ROUSSELET, J., *La jeunesse malade du savoir*, Paris, Grasset et Fasquelle, 1980.

SIMARD, C., *Cette impolitesse qui nous distingue*, Montréal, Boréal, 1994.

WILLEBOIS, A. de, *La société sans père*, Paris, SOS, 1985.

# Table des matières

Lit de Procuste, p. 41
truchons. p. 33
Monnaie de Singe. p. 29
dysorthographie
dyslexie        } p. 75
dyscalculie
tonneau des Danaïdes, p. 89
S en kyster. p. 98

Mise en pages : Folio infographie

Achevé d'imprimé en février 1996
sur les presses de AGMV
à Cap-Saint-Ignace, Québec